LES

CHÉRUSQUES,

TRAGÉDIE.

ERRATA.

Préf. *page* 3. Il y a dans cette phrafe une gran[de]
faute d'inattention, &c. *lifez* : Je ne fais fi ce[tte]
phrafe a été mife à deffein de faire entendre que l'[ef]
prit Républicain regne dans cette Tragédie, ou fi [il]
n'eft qu'une pure inattention ; mais il eft certain qu'[on]
ne trouvera pas dans ma Piéce un feul mot qui ra[p]
pelle l'idée de République.

Tragédie, *page* 20, ue *lifez* une.

Page 42, après ce vers :

Du beau nom de devoir mafquer leurs intéréts :

*On a oublié le premier des deux fuivan*s :

La vertu n'eft fouvent qu'un funefte avantage ;
L'amour de la fageffe a perdu plus d'un fage.

Page 77, après ce vers :

Voudrois-tu de l'hymen allumer les flambeaux ?

On a oublié la notice de ce jeu muet :

(*Le corps de Ségifmar paroît, porté par des Sold*[ats]
qui s'arrétent, jufqu'à ce que Flavius ait reconnu [fon]
pere, tué dans le combat.)

Page 81, A la fin de la Scene, on a oublié la no[te]
de cette fortie.

(*Gifelle fort avec Adélinde.*)

Page 82, Dans les Perfonnages de la Scene, [effa]
cez ces mots : LES ACTEURS PRÉCÉDENS.

Sois libre, juste, vrai, magnanime comme eux.

Act. II. Sc. II.

LES CHÉRUSQUES,

TRAGÉDIE;

TIRÉE DU THÉATRE ALLEMAND;

PAR M. BAUVIN,

DE LA SOCIETE LITTERAIRE D'ARRAS.

Représentée pour la premiere fois, par les Comédiens François Ordinaires du Roi, le 26 Septembre 1772.

Ce n'est pas à porter la faim & la misere chez les Etrangers qu'un Héros attache la gloire, mais à les souffrir pour l'Etat: ce n'est pas à donner la mort, mais à la braver. *Refl. & Max. du Marquis de* * * *.

A PARIS.

Chez la veuve DUCHESNE, Libraire, rue Saint-Jacques, au Temple du Goût.

M. DCC. LXXIII.

PRÉFACE.

Peut-être n'y a-t-il jamais eu d'Ouvrage Dramatique contre lequel il y ait eu plus de prévention que contre celui-ci, avant qu'il parût sur la scène. Ceux-mêmes, qui à la premiere Représentation, lui furent le plus favorables, n'y étoient venus que poussés par l'intérêt qu'ils prenoient à l'Auteur, & non par la curiosité que pouvoit exciter l'Ouvrage, dont ils avoient une opinion très-défavantageuse. Une prévention si générale, que je connoissois, auroit peut-être effrayé tout autre; je n'en ai point été surpris; elle étoit naturelle. Comment imaginer qu'un Auteur inconnu, qui s'avise d'entrer dans une carriere, à l'âge où d'ordinaire l'on en sort, puisse y marcher, sans faire à chaque pas les plus lourdes chûtes?

On peut croire qu'il faut que l'amour-propre soit en moi bien fort, puisque tant de prévention n'a pas été capable de m'ôter la présomption que j'ai toujours eue, qu'il pouvoit fort bien arriver que ma Pièce eût quelque succès. Cette présomption, que je ne prétends pas justifier ici, étoit cependant appuyée sur des raisons qui la rendroient au moins très-excusable, si j'osois les faire connoître. Mais je dois me taire, & respecter le Public, qui ne fait nulle attention à tous ces éclaircissemens, dont la vanité littéraire seroit enchantée de pouvoir l'occuper.

C'est pour la troisiéme fois que le Sujet de cette Tragédie paroît sur la Scène Françoise. Il a d'abord été traité par *Scudéri* en 1642, & depuis par M. de *Campistron*. Rien, malheureusement, ne me donne le droit de penser, au moins en secret, sur le mérite de ma Piéce, ce que M. de Campistron dit franchement de la sienne dans sa Préface : *Son succès fut grand, quoiqu'elle fût représentée dans un tems peu favorable aux Spectacles; j'avoue que j-ai une furieuse prévention pour cet Ouvrage. Je ne dirai point toutes*

*que j'en penſe : mais j'oſe avancer hardiment qu'il y
a peu de Piéces de Theatre , ou il y ait plus de ſen-
timent & de grandeur que dans celle-ci , principalement
dans le ſecond Acte , que je crois un des plus brillans
qu'on ait jamais vu ſur la Scéne.*

C'eſt auſſi pour la troiſiéme fois que je fais impri-
mer cette Tragédie; elle étoit ſur le point de paroître en 1767, ſous le titre de LA DÉFAITE DE VARUS,
lorſque l'eſpoir qu'on me donna qu'elle pourroit être
repréſentée, me fit conſentir à laiſſer briſer les formes.
Deux ans après, elle fut publiée ſous le titre d'ARMINIUS.
Enfin , elle paroît ſous celui des CHÉRUSQUES, le ſeul
qui lui convienne , parce que la liberté de ce Peuple
eſt l'objet général de cette Tragédie , & non *Arminius* qui n'en eſt qu'un des principaux Perſonnages.

Depuis long-temps , je ne deſirois qu'une choſe ;
c'eſt que mon travail eut pour juge le Public aſſemblé ;
à la fin j'ai joui de cette ſatisfaction , & je ſuis très-
content. Si mon Ouvrage n'eſt que médiocre, il n'a eu
que trop de repréſentations ; ſi réellement il renferme
des ſentimens & des ſituations dignes d'être entendus
& vues de temps en temps par le Public, ſa voix tôt ou
tard me fera rendre juſtice , en dépit de toutes les
cabales ; & mettra ma Piéce à ſa place.

Je me propoſe de parler ailleurs du THEATRE
ALLEMAND, & des raiſons qui m'ont déterminé
à faire des changemens conſidérables , ſoit dans les
Perſonnages, ſoit dans la conduite , & à ne conſer-
ver que les grandes penſées & le but général de
l'Auteur étranger d'après lequel j'ai travaillé.

J'aurois ici terminé cette Préface ; mais on vient de
m'apporter le ſecond volume du Mercure d'Octobre ,
& voici une phraſe que j'y ai trouvé, dans le compte
qu'on y rend des *Cheruſques.*

*VARUS flatte l'ambition d'ADÉLINDE . & cette
Princeſſe connoiſſant la fierté Républicaine d'ARMI-
NIUS &c.*

Il y a dans cette phrafe une grande faute d'inattention, & il n'y auroit pas de termes affez odieux
pour la qualifier, fi elle avoit été faite à deffein.

On ne trouve pas un feul mot dans ma piéce
qui rappelle l'idée de *République* : pas un feul de mes
perfonnages ne s'exprime en Républicain ; ils ne
parlent qu'en hommes libres : ce qui eft bien différent. Les hommes ne font pas moins libres fous des
Monarques que fous des Magiftrats ; la liberté dépend
de l'obfervation des loix, & non de la forme du
Gouvernement.

Pour être plus qu'un Roi, tu te crois quelque chofe.

Voilà fansdoute un Vers qui peint admirablement
tout l'orgueil d'une ame républicaine. Ce n'eft point
cet orgueil qui dans ma piece fait agir & parler *Ségifmar* ni *Arminius* ; ils ne mettent pas leur gloire à fe
croire au-deffus des Rois. Ecoutons Ségifmar :

J'ai vu la gloire de Céfar,
Ce Romain qui traîna tant de Rois à fon char,
Qui vit trembler fous lui la terre & Rome même,
Dont le front méritoit peut-être un Diadême.

Peut-on parler avec plus de refpect de la Royauté,
& en faire concevoir, par un feul trait, une plus haute
idée ?

Il y a bien plus. Ce n'eft pas feulement pour défendre leur liberté, que les Chérufques & leurs alliés
fe déterminent à rompre la paix, mais c'eft encore pour
rétablir un Roi, dont les Romains ont renverfé le trône.
Qu'on life le difcours d'*Arminius* à fes concitoyens, où
fon éloquence exalte le courage de ce Roi des Sicambres, & la fidélité de fes fujets ; & qui finit par
ces deux Vers :

N'écoutons que l'honneur, l'honneur qui nous prefcrit
De fecourir un Roi par un tyran profcrit.

Ce n'eft pas là, je crois, le langage d'un efprit
animé par la fierté républicaine ; c'eft le difcours d'un
homme libre & jufte.

PERSONNAGES.

SÉGISMAR,   Prince Chérufque.   *M. Brifard.*

ARMINIUS,   } fils de Ségifmar.   *M. Molé.*
FLAVIUS,   }   *M. Monvel.*

ADÉLINDE,   Princeffe Chérufq.   *Mlle. Dumefnil.*

THUSNELDE, fille } d'Adélinde.   *Mad. Veftris.*
SIGISMOND, fils. }   *M. Guitel.*

GISELLE,   Compagne de Thufnelde   *Mde Molé.*

VARUS,   Générald'Augufte,   *M. Ponteuil.*

MARCUS,   Officier de Varus.   *M. d'Auberval.*

CATES,
CHAUQUES,   } Alliés des Chéruf.   *M. d'Alainval.*
BRUCTERES,   } Un des Chefs.

UN OFFICIER,   Chérufque.

Troupes de Chérufques.
Troupes de Romains.

La Scene eft dans un bois Sacré des Chérufques.

LES

LES CHÉRUSQUES,
TRAGÉDIE.

ACTE PREMIER.

On voit sur un des côtés du Théâtre, qui représente une Forêt, deux grandes Statues d'un goût barbare, & autour de ces Statues des Armures antiques, attachées à des troncs d'arbres.

SCENE PREMIERE.

MARCUS, FLAVIUS.

FLAVIUS, *en considérant Marcus, qui se trouve sur la Scene, quand on leve la toile.*

NE vois-je pas Marcus, dont l'amitié fidelle
A fait pour moi, dans Rome, éclater tant de zele ?
Oui, c'est lui ; son aspect qui suspend mes soupirs,
Réveille dans mon cœur les plus doux souvenirs.

A

Que ne puis-je à ses yeux faire éclater ma joie !

(Il s'approche de Marcus , qui, reconnoissant son ami,
court à lui ; mais au moment de l'embrasser , il est
arrêté par les exclamations de Flavius.)

Dans quel lieu ! dans quel temps faut-il que je te
    voie ?

Que veux-tu ? Quel dessein conduit ici tes pas ?

(En se tournant vers les Statues qu'il montre à Marcus.)

Ces Héros sont des Dieux que tu ne connois pas :
Viendrois-tu comparer, pour mieux connoître l'homme,
L'horreur de nos Forêts aux délices de Rome ,
Rome où brillent les Arts , les Sciences , les Loix,
Préférables , peut-être , à ses plus grands exploits !
Dans ce climat sauvage & toujours plein d'allarmes,
D'un séjour policé je regrette les charmes.
Parmi nous , tu le vois , tout est barbare , affreux.
Tu cherches vainement dans ces bois ténébreux ,
Quelque image de Rome. Ah ! rien ne la rappelle.
La Nature a besoin de l'Art pour être belle.

MARCUS.

Ces lieux sont assez beaux, si j'y trouve un ami.

FLAVIUS.

Peut-être en ce moment suis-je ton ennemi.

MARCUS.

Mon ennemi ! qui ? toi , Flavius !

FLAVIUS.

                  Je dois l'être ;
Ou mon pays, en moi, ne verra plus qu'un traître ,

Dont Rome est parvenue à corrompre la foi,
Par les dons répandus sur mon frere & sur moi.
Mais puis-je balancer entre eux & ma Patrie ?
J'aime sa liberté, malgré sa barbarie.
J'ai cru dans les Romains, que l'on nomme si grands ;
Voir ses Législateurs & non pas ses tyrans :
Et Rome cependant veut, dit-on, rendre esclave
Le Chérusque, il est vrai, grossier, mais libre &
    brave.

MARCUS.

Non, Rome qui l'estime, est prête de l'aimer.

FLAVIUS.

Mais mon pere hait Rome & ne peut l'estimer.

MARCUS.

Eh ! pourquoi ? depuis quand ?

FLAVIUS.

              Depuis qu'elle est injuste,
Et que, reconnoissant un Maître dans Auguste,
Rome, pour effacer la honte de ses fers,
Veut, sous le même joug, enchaîner l'Univers.
Cette esclave ose ici parler en Souveraine.
De mon pere voilà ce qui cause la haine.
Il craint, sur-tout, Varus.

MARCUS.

              Varus ! dont les bontés
Vous présentent des Loix & des Arts inventés

Pour rendre les Mortels qui gouvernent la terre,
Plus juſtes dans la paix & plus craints dans la guerre.
Que veut donc Ségiſmar, en rejettant des ſoins
Qui d'un Peuple qu'il aime éclairent les beſoins?

FLAVIUS.

Ces arts, ces loix, dit-il, menent à l'eſclavage.
Il veut que ce climat reſte libre & ſauvage.

MARCUS.

Il veut!.. Ignore-t-il que d'autres Citoyens,
Touchés du vrai bonheur qu'aſſurent ces liens,
Veulent fixer chez eux de ſi grands avantages,
Et ſont prêts d'abjurer leurs barbares uſages?

FLAVIUS.

Je les abjurerois peut-être le premier,
Si Varus vouloit moins nous les faire oublier.
Varus s'empreſſe trop d'offrir à ces Provinces,
Dont il croit éblouir les Peuples & les Princes,
Des Loix, qu'on doit aimer pour elles, non pour lui,
Et qui n'ont pas beſoin de l'avoir pour appui.
Au mépris du traité que nous avons pour gage,
Que fait-il dans ce camp qui cauſe tant d'ombrage,
Qu'il jura de quitter, quand de vos Alliés
Les troubles avec nous feraient pacifiés?
De nos diviſions les fureurs ſont paſſées;
Il a vu dans nos champs nos troupes diſperſées:
Tous nos chefs avec joie ont rempli leurs ſermens:
Et Varus, infidele à ſes engagemens,

Campe dans nos marais, & pour comble d'outrages,
Il ose dans son camp retenir nos Otages.

MARCUS.

Appren qu'il les renvoie, & qu'ils sont satisfaits.
D'Auguste, Sigismond accepte les bienfaits;
Et Thusnelde sa sœur.....

FLAVIUS.

Thusnelde! revient-elle?

MARCUS.

Dans tes regards troublés quelle flâme étincelle?
Tu l'aimes?

FLAVIUS.

Que dis-tu? Moi l'aimer! Ah! Grands Dieux!

MARCUS.

Ta bouche vainement démentiroit tes yeux,
Où j'apperçois encor ce trouble & cette flâme
Qui trahissent toujours le secret de notre âme.

FLAVIUS.

Eh bien! puisque mon cœur, déchiré de remords,
A laissé pénétrer ses odieux transports,
Vois aussi dans mes yeux, vois transpirer sa honte:
Il brûle d'une ardeur qu'il faut que je surmonte.
J'aime, & dans mon amour je ne peux être heureux,
Sans trahir l'amitié d'un frere généreux.

A iij

Cette même beauté dans votre camp remife ,
Thufnelde que j'adore , à mon frere eft promife.
Quel douloureux moment ! ah ! Marcus , dans ces
    lieux ,
Avec l'aveu d'un pere , en préfence des Dieux,
Tous deux fe font juré d'éternelles tendreffes !
Les cruels m'ont rendu témoin de leurs promeffes.
Mais d'un autre fouci , tu me vois agité.
On dit que contre moi , mon pere eft irrité :
Devant lui, dans une heure , afin qu'il me confonde ,
Il veut que je paroiffe , & que je lui réponde.
Qu'ai-je fait ? qu'ai-je dit ? Et quel nouveau fujet
Du courroux paternel me rend le trifte objet ?
Il fçait que je chéris les Romains qu'il abhorre.
Sçait-il encor , fçait-il le feu qui me dévore ?
O Dieux ! s'il foupçonnoit que fon fils enflâmé...

MARCUS.

Il te condamnera , s'il n'a jamais aimé ;
Mais peut-il de l'amour ignorer la puiffance ?

FLAVIUS.

A Rome , cher Marcus , je fçais comme l'on penfe.
Cet amour eft pour vous un Maître tout-puiffant ;
Pous nous c'eft un Efclave aveugle , obéiffant.
Il commande à vos Dieux : barbares que nous fommes ,
On ne veut pas ici qu'il commande à des hommes.
On veut que tous les cœurs , en ces triftes déferts ,
A l'orgueil , à la haine , à la vengeance ouverts ,

Se ferment à l'amour, à qui le mien se livre.
J'admire leur exemple, & veux en vain le fuivre.

MARCUS.

Va, je peux t'annoncer un deftin plus heureux.
La mere de Thufnelde, inftruite de tes feux,
Je n'en fçaurois douter, leur deviendra propice;
Son cœur à tes vertus faura rendre juftice.

FLAVIUS.

Tu connois Adélinde !

MARCUS.

        Oui ; c'eft trop te celer,
Que je l'atends ici, que je vais lui parler.

FLAVIUS.

Eh ! quel eft l'intérêt qui t'amene auprès d'elle ?

(On voit paffer un Chérufque, qui jette quelques regards
inquiets fur Marcus & Flavius.)

MARCUS.

Prens garde ; on nous entend. Tu connois tout mon
zele.
Va, laiffe à l'amitié le foin de ton amour ;
Je t'inftruirai de tout avant la fin du jour.

SCENE II.

MARCUS, *seul*.

O FORTUNÉ Varus ! les soins que tu prépares
Triompheront bientôt de tous ces Chefs barbares.
Ta priere a suffi pour les faire assembler ;
Ta menace aujourd'hui les fera tous trembler.
Des projets que ton cœur pour ta gloire médite,
Tout semble m'annoncer l'heureuse réussite.
Vainement Ségismar, qui les a pressentis,
Croit par Arminius les voir anéantis ;
Le zéle d'un vieillard, l'audace d'un jeune homme,
Loin de suspendre ici le triomphe de Rome,
Vont le hâter sans doute ; & mes discours, mes soins,
Les forces d'un Préteur, la serviront bien moins.
Que les rivalités, les amours & les haines,
Qui signalent par-tout les foiblesses humaines.
Mais Adélinde vient ? que va-t-elle penser
De ne voir point Varus en ces lieux s'avancer ?

SCENE III.

ADÉLINDE, MARCUS.

MARCUS.

PRINCESSE, mon aspect semble vous interdire.
Vous attendiez Varus ; mais il craint de vous nuire.

Votre seul intérêt l'écarte de ces lieux.
Souffrez que par ma bouche il s'explique à vos yeux.
Varus sur vos avis conçoit les avantages
Qui doivent résulter du renvoi des Otages.
Mais vous l'aviez flatté que de vos chefs aigris
Sa douceur aisément appaiseroit les cris.
Vous ont-ils déclaré leur volonté derniere?

ADÉLINDE.

Je ne m'attendois pas à leur réponse altiere,
Qui rejette vos loix pour conserver leurs mœurs.
J'ai tenté vainement d'arrêter les clameurs
D'un farouche vieillard, toujours plus inflexible;
Sa haine corrompt tout, & reste incorruptible.
Avec Varus, dit-il, il faut rompre aujourd'hui.
La guerre n'auroit pas tant de charmes pour lui,
S'il ne se flattoit point d'en voir tomber la gloire
Sur un fils plein d'audace & né pour la victoire.
Ah! si d'un Général il faut faire le choix,
Il sent qu'Arminius aura toutes les voix.

MARCUS.

Arminius? Eh bien! qu'importe qu'on le nomme?

ADÉLINDE.

Il n'est point de Germain plus à craindre pour Rome.
Varus tient son courroux trop long-tems suspendu;
Qu'il perde Arminius, ou lui-même est perdu.

Ce barbare, fensible aux charmes de ma fille,
Paroiffoit empreffé d'entrer dans ma famille.
Il a vu tout mon zele à fervir fon amour.
J'ai cru qu'il ferviroit mes deffeins à fon tour ;
Que je verrois fes foins, fon crédit, fa vaillance,
Sur moi de tous les cœurs fixer la bienveillance ;
Contraindre le Chérufque à recevoir un Roi,
Un culte moins affreux, une plus douce loi :
Je m'abufois ; j'ai vu, dans fa réponfe auftere,
Qu'il afpire à la fille en méprifant la mere.
Mon époux qui touchoit à la fin de fes jours,
Vouloit qu'un prompt Hymen couronnât leurs amours;
Et moi, pour l'éloigner & venger mes outrages,
J'ai fait choifir ma fille au nombre des Otages.
Elle a fenti le poids de mon autorité.

MARCUS.

Mais, ne craignez-vous pas qu'un Amant irrité,
Inftruit de vos fecrets, contre vous ne prévienne...

ADÉLINDE.

Il doit jurer ma perte, & je jure la fienne.
Il faut de nos projets détruire les témoins.
Varus a tout promit, à mon zèle, à mes foins;
Qu'il fonge maintenant à remplir fa promeffe.

MARCUS.

Daignez vous expliquer; qu'ordonnez-vous, Princeffe?
Doit-il choifir la paix ou la guerre ?

ADÉLINDE.

La paix.

Qu'il gagne tous les cœurs par de nouveaux bienfaits.
De vos arts précieux qu'il préfente les charmes ;
Ils feront plus puiffans que la force des armes.
Vos bienfaifantes Loix, plus que vos légions,
Sont faites pour dompter nos fieres nations ;
Qui, toujours en danger, font trop accoutumées
Aux menaces des camps pour en être allarmées.
Dites-lui que j'ai fu déjà perfuader
A des Germains puiffans, jaloux de commander,
Et dont le zèle feint plaît à la multitude,
Que, s'ils font menacés de quelque fervitude,
Ce ne font pas les foins d'un Préteur généreux,
Mais l'orgueil de leurs chefs qui devient dangéreux.
Tout paroît convaincu que ces chefs font à craindre ;
La multitude émue enfin va les contraindre
A paroître aujourd'hui dans le camp du Préteur.
Leur dépit parlera, fans doute, avec hauteur.
Que Varus les arrête ; il eft tems qu'il enchaîne
Ces mortels ennemis de la grandeur Romaine.
Qu'ils difparoiffent tous : bientôt fur nos autels,
Augufte fera mis au rang des Immortels.
J'ai voulu que mon fils en devînt le Grand-Prêtre.

MARCUS.

Il vient d'y confentir ; mais à regret peut-être.
Contre la dignité dont il eft revêtu,
Vous ignorez combien fon cœur a combattu.

Il semble humilié de l'emploi qui l'éleve;
Ce qu'il a commencé, je doute qu'il l'acheve.

ADÉLINDE.

Que je suis malheureuse! & ma fille & mon fils,
Tous deux semblent s'entendre avec mes ennemis.
Je ne veux que leur gloire, & leurs dédains éclatent
Pour toutes les grandeurs dont mes amis les flattent.

MARCUS.

Leur tendresse pour vous, vous répond de leur foi.

ADÉLINDE.

Ils ont des préjugés qui causent mon effroi.

MARCUS.

Vous avez un pouvoir qu'ils respectent, qu'ils craignent;
Il faut bien sous vos loix que leurs cœurs se contraignent.
Que vois-je! Arminius nous observe.

SCENE IV.

ARMINIUS, ADELINDE, MARCUS.

ARMINIUS.

Mes yeux
Craignoient de rencontrer un frere dans ces lieux.
On me disoit... Mais non; grace au Ciel, je respire:
Je ne vois qu'Adélinde, & Marcus qui conspire;
Retirons-nous.

MARCUS.

    Quoi donc! Arminius me fuit!
Ah! lorfqu'en ces Forêts l'amitié me conduit,
Il ofe m'accabler de cette indifférence.....

ARMINIUS.

Des traîtres doivent-ils fouhaiter ma préfence?
Contre ma liberté, mon pays & mes Dieux;
Je vous laiffe tramer vos complots odieux.

MARCUS.

D'un ami, qui me croit capable d'artifice,
Je ne veux pas ici confondre l'injuftice.
Je vois fon préjugé. Mais fes chefs, moins aigris,
Seront juftes, peut-être, & fentiront le prix
Des bienfaits que Varus en ces lieux veut répandre.

ARMINIUS.

Nos chefs méprifent trop ce qu'il ofe entreprendre.
Quel emploi, difent-ils, *pour ce grand Général!*
Il érige fa tente en un vil Tribunal.
Sous le joug de fes loix il penfe nous abattre,
Il ofe nous juger & craint de nous combattre.

MARCUS.

Tandis que fon grand cœur afpire à les polir,
Leurs barbares mépris peuvent-ils l'avilir?
Sa bonté jufqu'ici, pour le Chérufque, active,
A contraint fa bravoure à demeurer oifive;

Mais, si c'est un malheur de les civiliser,
Si ce sont des bienfaits qui le font méprifer,
Par d'autres actions il se fera connoître.
Eux-mêmes forceront son courage à paroître.

ARMINIUS.

Qu'il paroisse, il est temps.

ADÉLINDE.

                    Eh quoi ! ce cœur altier,
A la guerre, à la haine, est voué tout entier ?
N'a-t-il d'autre vertu qu'une valeur farouche ?
Et la paix & l'amour, n'ont-ils rien qui le touche ?
Je te vois interdit. Sçais-tu que, dans ce jour,
Et ma fille & mon fils vont être de retour.
Il en est tems encor ; crois-moi, sois moins austere ;
Pour obtenir la sœur, vient couronner le frere.

(*Arminius sort, en témoignant par des gestes & des
regards expressifs l'indignation & le mépris que lui
inspire la proposition d'Adélinde.*)

SCENE V.

ADÉLINDE, MARCUS.

MARCUS.

Vengez-vous ; faites choix d'un gendre plus chéri,
Qui, comme Arminius, dans ces Forêts nourri,

N'en a pas conservé la sauvage rudesse.
Flavius....

ADÉLINDE.

Qui ? son frere !

MARCUS.

      Oui, j'ai vu sa tendresse
Eclater pour Thusnelde; il l'adore.

ADÉLINDE.

       Et pourquoi ?
Son amour n'ose-t-il se montrer devant moi ?

MARCUS.

Plein d'une passion qu'il condamne & qu'il aime,
Il voudroit à ses yeux se dérober soi-même.

ADÉLINDE.

Ma fille verra donc, attachés à son char,
Ces deux fils si puissans, l'espoir de Ségismar !
Et l'amour des enfans qui flatte ma colere,
Va me venger enfin de la haine du pere.
Cours trouver Flavius... Non, moi-même je dois
Le chercher, lui parler, l'assurer de mon choix.
Il aime les Romains, il adore ma fille ;
Il est fait pour servir & Rome & ma famille.
Je veux que tous les siens, encouragés par lui,
De Varus, avec moi, viennent briguer l'appui.

MARCUS.

Varus dans ce moment ne paroît pas tranquille.
Mélo vient de fortir, dit-on, de fon afyle ;
Et tout confirme ici ce bruit trop répandu.
Ce fuperbe Mélo, tant de fois abattu,
Montre en fe relevant encore plus d'audace.
On dit que ce Sicambre aujourd'hui nous menace :
Qu'il a même en ces lieux des Miniftres fecrets.

ADÉLINDE.

A s'unir avec lui plufieurs chefs femblent prêts.
C'eft à vous d'empêcher l'union générale,
Dont la force bientôt vous deviendroit fatale ;
Craignez que d'autres mains ne recueillent le fruit
D'un deffein… Mais qu'entends-je, & qu'annonce ce
     bruit ?

MARCUS.

Vos ôtages, qu'enfin une efcorte Romaine,
Par ordre de Varus, dans leurs Foyers ramene.
Je dois ici les joindre.

ADÉLINDE.

                         Il faut nous féparer.
Sous ce feuillage épais je vais me retirer.
J'obferverai mon fils ; vous doutez de fon zele ;
Et je veux l'affermir, fi je vois qu'il chancele.

SCENE VI.

SCENE VI.

THUSNELDE, GISELLE ; SIGISMOND *en Pontife Romain*, *& les autres Otages escortés par une Troupe de Romains.* MARCUS, ADÉLINDE, *qui se tient écartée.*

THUSNELDE *à l'Escorte.*

Retournez vers Varus ; je rends grace à vos soins :
Laissez-nous maintenant respirer sans témoins.
De nos Divinités respectez la présence.

(Marcus fait signe à l'Escorte de se retirer.)

(Aux Otages)

Et vous, qui gémissez d'une si longue absence,
Malheureux compagnons de ma captivité,
Vous brûlez de jouir de votre liberté :
Allez, & que nos Dieux, enfin plus favorables,
Détournent loin de vous des maux si déplorables.

(A Giselle)

O ma chere compagne ! ô vous qui partagiez
Nos secrettes douleurs, & qui les consoliez !
Vous avez un époux, des fils dont la tendresse
Va faire à vos ennuis succéder l'allégresse :
Il est tems de vous rendre à leurs empressemens.
Allez tout oublier dans leurs embrassemens.
Laissez-moi, permettez que j'entretienne un frere.

(Marcus sort avec les Otages

B

SCENE VII.

THUSNELDE , SIGISMOND ; ADELINDE , *qui s'avance vers ses enfans , sans en être apperçue.*

SIGISMOND.

Veux-tu renouveller ma douleur trop amere ?

THUSNELDE.

Rentre dans ton devoir , ose implorer nos Dieux.

SIGISMOND.

Ah ! ma sœur , est-ce à moi de m'offrir à leurs yeux ?
Ils écoutent les vœux d'une ame libre & brave ;
Et ton frere n'est plus qu'un lâche , qu'un esclave.

THUSNELDE.

Des plus nobles vertus ton cœur s'est dépouillé,
Et d'un vil ornement ton front reste souillé.

SIGISMOND.

Ne crois pas que mon cœur adore la puissance
Du tyran que l'on veut qu'ici ma main encense.
Le pouvoir d'une mere est plus sacré pour moi ;
C'est elle que je crains… Ah ! grands Dieux, je la voi.

ADÉLINDE.

Ainsi dans mes enfans la tendresse est éteinte ;
Et mes soins , mes bontés n'inspirent que la crainte ?

SIGISMOND.

Ah ! ne le croyez pas.

THUSNELDE.

                    Lifez mieux dans nos cœurs.
Votre afpect nous confole & feche enfin nos pleurs.
Mais le Ciel, aujourd'hui pour nous fi favorable,
Aux cris des Citoyens femble être inéxorable.
Ah ! pourquoi, quand il daigne exaucer nos defirs,
D'un peuple tout entier rejetter les foupirs.

ADELINDE.

Que ton reffentiment ceffe enfin de les plaindre.
S'ils veulent être heureux, ils n'ont plus rien à craindre.

THUSNELDE.

Non, non, tous leurs dangers ne font pas difparus,
Puifque ma délivrance eft un don de Varus.
C'eft fon mépris pour nous, qui rompt nos triftes
          chaînes.
Il penfe qu'il n'eft plus d'ames vraîment Germaines.
S'il foupçonnoit nos cœurs d'être encor Citoyens,
Varus eût refferré, non brifé nos liens.
Des Princes corrompus les viles déférences,
De leur ambition les lâches efpérances,
Les grands noms confondus avec les plus obfcurs,
Sont pour Rome aujourd'hui des Otages plus fûrs.

                              B ij

Mais j'attends que nos Dieux, las de son joug impie,
Réveillent dans les cœurs la vengeance assoupie ;
J'attens qu'Arminius...

ADELINDE.

O nom trop odieux !

THUSNELDE.

Eh quoi, ce nom si grand & si saint à mes yeux !...

ADELINDE.

Nous n'avons plus besoin du féroce courage
D'un Héros orgueilleux qui t'adore & m'outrage.
Il est des Citoyens, plus doux, plus valeureux,
Qui veillent sur ce Peuple, & vont le rendre heureux ;
Et son intérêt veut qu'aujourd'hui ta grande ame,
Maitresse d'elle-même, écoute une autre flâme.

(à Sigismond).

Et toi, tu sais mes vœux, tu connois ton devoir ;
Songe à ton ministere, & rempli mon espoir.
Que ton zele en ces bois dresse un Autel champêtre.

SIGISMOND.

Auguste est donc un Dieu ! Sigismond est son Prêtre.
Un Romain qu'on a vu remplir Rome de deuil,
Dont l'audace & la fourbe ont couronné l'orgueil,
Qui des vrais Citoyens veut éteindre la race,
Doit-il parmi nos Dieux obtenir ue place ?

Ah! ma sœur, tu frémis!

THUSNELDE.

Est-ce à toi d'élever
Des Autels au tyran qui veut tout captiver :
Eh, pourquoi? Pour jouir d'un triomphe frivole,
Et pour voir insulter au pied du Capitole,
A la suite d'un char, tous nos héros traînés,
Et de la liberté les Dieux même enchaînés.
Tant de maux marquent-ils la puissance céleste ?

SIGISMOND.

Non, c'est par des bienfaits qu'elle se manifeste.

ADÉLINDE.

Eh! quels sont les bienfaits que répand en ces lieux
Ce suprême pouvoir révéré dans nos Dieux ?
Quel bonheur, quelle gloire obtiennent nos prieres,
De ces Divinités agrestes, meurtrieres,
Dont les adorateurs, d'arts & de loix privés,
Languissent dans des champs à peine cultivés?
Rome nous apprend l'art de les rendre fertiles,
D'accoutumer le Peuple à des travaux utiles,
A des Arts bienfaisants, à d'équitables Loix,
Dont le joug est si doux & si ferme à la fois.
Tu connois le fléau qui ravage nos terres;
Ces climats sont livrés à d'éternelles guerres.
La raison les déteste ; & ma voix vous instruit
A ne plus admirer l'orgueil qui les produit.

B iij

Ah! préférons la paix & son doux esclavage,
A cette liberté belliqueuse & sauvage,
Qui cause tant de maux & fait si peu de biens.
Vien, suis-moi, les amis de la paix sont les miens.

Fin du premier Acte.

ACTE II.

SCENE PREMIERE.
SÉGISMAR, FLAVIUS.

FLAVIUS.

Vous jettez fur un fils des regards indignés.
Vous ne m'écoutez point. Ah ! mon pere, daignez
Satisfaire un defir que je crois légitime.
Eft-ce en vain que Varus afpire à votre eftime ?
Sufpendez ce courroux, qui glace mes efprits.

SÉGISMAR.

Mon fils, es-tu Chérufque ?

FLAVIUS. (à part).

O Dieux ! a-t-il appris...
N'eft-ce pas votre fang qui coule dans mes veines ?
Et pouvez-vous douter...

SÉGISMAR.

D'où viennent donc tes peines ?
Répond ; que dit ton cœur ?

FLAVIUS.

Que j'aime mon pays,
Sans ceffer d'aimer Rome.

SÉGISMAR.

Eh ! bien, tu le trahis.

FLAVIUS.

Moi ! trahir ma patrie ! ah ! connoissez mon zele.

SÉGISMAR.

Qui partage son cœur, est bientôt infidele.
De ton Peuple ou de Rome il faut être ennemi.
Choisi ; ne sois pour l'un ni pour l'autre à demi.
De la guerre aujourd'hui l'appareil se déploie.

FLAVIUS.

A la paix cependant il nous reste une voie.
Voyez Varus.

SÉGISMAR.

　　　　　J'ai vu la gloire de Césâr,
Ce Romain qui traîna tant de Rois à son char,
Qui vit trembler sous lui la terre & Rome même,
Dont le front méritoit peut-être un diadême.
Ah ! c'était un héros qui confond tous les tiens ;
Ils ne sont animés que par la soif des biens :
Mais tout grand qu'il étoit, quelque terreur profonde,
Que son nom répandît sur le reste du monde,
Assez fort pour nous vaincre & pour nous commander,
Césâr l'étoit trop peu pour nous intimider ;
Et nous verrions Varus ! — Dans un tems non moins
　　　triste,
Sais-tu ce qu'à Césâr fit dire Arioviste ?
J'irois trouver Césâr, si j'en avois besoin ;
Si Césâr veut me voir, qu'il ait le même soin.

Devons-nous à Varus , montrer moins de courage ?

FLAVIUS.

Quoi ! vous lui refufez un fi léger hommage ?

SÉGISMAR.

Un hommage léger , fouvent pèfe à l'honneur.

FLAVIUS.

Il ne veut qu'affermir notre propre bonheur.

SÉGISMAR.

Qu'importe fon deffein dans notre indépendance ?
Varus n'eft rien pour nous ; qu'il garde fa prudence.
Je fuis libre ; eft-ce à Rome à juger de mes droits ?

FLAVIUS.

Cefferez-vous de l'être , en adoptant fes loix.

SÉGISMAR.

Ses loix à nos vertus nous rendroient infideles ;
Dans fes murs corrompus quel bien produifent-elles ?

FLAVIUS.

J'ai vu Rome ; & le mal n'a pas frappé mes yeux.

SÉGISMAR.

Moi, je ne l'ai pas vue , & je la connois mieux.
Ceffe de l'admirer ; les grandeurs qui lui reftent ,
Sont autant de fléaux que les Peuples déteftent.

FLAVIUS.

Vous voyez devant vous un fils qui vous chérit ;
Vous connoiffez fon cœur ; inftruifez fon efprit.
Dois-je abhorrer les arts, quand on les calomnie ?
Ils font les alimens & les fruits du génie.
Ce qu'il fait de plus noble, eft-il vil à vos yeux ?
Tout languit fans les arts, tout revit avec eux.
Ils portent l'abondance au fein de la difete,
Et la tranquilité dans notre ame inquiete :
Vous redoutez des arts qui confolant nos cœurs,
Enrichiroient le Peuple, adouciroient nos mœurs.

SÉGISMAR.

Rome a chéri long-tems ces mœurs que tu condamnes.
Ses fuperbes Palais n'étoient que des cabanes.
Nous fommes maintenant ce qu'elle étoit alors ;
Nous avons fes vertus, redoutons fes tréfors.
Prends-y garde, en tous tems on a vu l'opulence,
A fa fuite, amener les arts & la licence,
Corrompre tous les cœurs, par l'exemple entraînés ;
Les rendre injuftes, vains, lâches, efféminés.
Et le Peuple opulent, tombé dans l'efclavage,
Cherche & ne peut trouver fon antique courage.
Telle eft Rome ; en perdant ta noble pauvreté,
Comme elle tu perdrois bientôt ta liberté ;
Tu perdrois cette force & fi noble & fi rare. . . . . .

FLAVIUS.

Le Chérufque doit donc toujours refter barbare !

SÉGISMAR.

Ce nom n'eſt pas honteux ; va, n'en ſois point bleſſé.
Qui ſait combattre & vaincre, eſt aſſez policé.

FLAVIUS.

Rome n'eſt-elle pas l'école de la terre ?
Qui peut mieux enſeigner le grand art de la guerre ?

SÉGISMAR.

Tu vantes ſes leçons ; mais quel en eſt le fruit ?
Elle corrompt les cœurs que ſon ſavoir inſtruit ;
Elle énerve le bras qui doit en faire uſage ;
Eh ! que ſert la ſcience où manque le courage ?

FLAVIUS.

Que nous ſert le courage admiré dans nos bois,
Où toutes vos vertus, votre nom, vos exploits,
Reſtent enſevelis. . . .

SÉGISMARD.

C'eſt aſſez, ſi mon zele,
Si mon nom eſt connu de ce Peuple fidele.
Mon devoir & le tien, c'eſt d'écarter ſes fers.

FLAVIUS.

Il eſt doux de ſe faire un nom dans l'Univers.

SÉGISMÂR.

Et s'il ne voit en toi qu'un lâche, un traître infâme ?

FLAVIUS.

Ah ! mon pere, appaiſez ce grand cœur qui s'enflâme.

Je connois mon devoir ; que ce cœur irrité
Éprouve mon courage & ma fidélité.
Ordonnez, je suis prêt.

SÉGISMAR.

         Pense à quoi tu t'obliges.
Ton frere me console, & c'est toi qui m'affliges.
Si l'espoir d'un grand nom suffit pour t'échauffer,
Songe à combattre Rome & sache en triompher ;
C'est par là que le tien sortira des ténebres,
Et deviendra fameux entre les noms célebres.
Ta gloire ira bientôt aussi loin que tes vœux,
Et sera chere encore à nos derniers neveux.
Ne crois pas que ton cœur, par une vaine étude,
Puisse unir l'héroïsme avec la servitude ;
Imite la vertu de tes nobles aïeux ;
Défends ta liberté, ton pays & tes Dieux.
Sur-tout ne souffre plus qu'un vil Romain t'aborde.
Rome parle de paix & séme la discorde.
Prévenons ses desseins ; armons-nous, il est temps....

SCENE II.

ARMINIUS, SÉGISMAR, FLAVIUS.

SÉGISMAR.

A PROCHE, Arminius ; viens, c'est toi que j'attends.
Écoute ; c'est ici, c'est dans la sombre enceinte
De cet antique bois, de cette forêt sainte,

Que ton pere a voulu te voir & te parler.
Voici le jour, mon fils, qu'il faut te signaler.
Si ton courage est grand, si les Dieux t'ont fait naître
Pour sauver ton pays qui ne veut pas de maître,
Regarde ces héros; il suffit de les voir,
Pour apprendre quel est aujourd'hui ton devoir;
Vois, sur ces troncs sacrés, ces armes suspendues;
De Thuiston, de Mannus, viens toucher les statues.

Ségismar s'approche des statues, Arminius
le suit & les touche, ou les embrasse
avec transport.

Tous deux nous ont transmis avec la liberté
L'horreur pour la molesse & pour la fausseté.
Ce sont eux dont la force & non pas l'industrie,
Sut créer, soutenir, illustrer ta patrie:
Suis le chemin tracé par ces héros fameux;
Sois libre, juste, vrai, magnanime comme eux.
Vois quel prix glorieux couronne leur audace.
Leur nom vit, & le temps a dévoré leur race.
Leur gloire, dont nos jours sont encor les témoins,
Tu ne peux l'acquérir, que par les mêmes soins.
    Rome envain par la force a voulu nous réduire;
Aujourd'hui par ses loix elle veut nous séduire;
Mais bientôt sous leur joug nous serions abattus.
Les Romains ont des loix, n'ayons que des vertus.
Dans ce moment, mon fils, il faut que tu soutiennes
L'espoir que ton pays a fondé sur les tiennes.

En toi la Germanie a cru voir un héros.
Elle femble oublier fes plus grands Généraux;
Et defirant un chef pour oppofer à Rome,
C'eft toi qu'elle diftingue; & c'eft toi qu'elle nomme.
De prudence & de force, il eft temps de t'armer;
Les Romains vainement ont cru nous allarmer;
La nation Chérufque eft encor vertueufe.
Rome n'eft plus, mon fils, qu'injufte & faftueufe.
Elle eft peu redoutable à des cœurs fans defirs,
Qui dédaignent fes biens, fes grandeurs, fes plaifirs.
Va, nous valons mieux qu'elle; & tant qu'en ces Pro-
       vinces
L'ame franche du Peuple animera les Princes,
Tant que nous aimerons notre fimplicité,
Nous verrons parmi nous vivre la liberté.
Tes peres t'ont laiffé ce tréfor en partage;
Fais paffer à tes fils ce fublime héritage.
Libres par nos aïeux, nous les béniffons tous;
Nos fils nous maudiroient, efclaves après nous.

            (*en montrant les ftatues*).

Nous pouvons, mes enfans, égaler ces grands hommes:
Ils étoient Citoyens, & comme eux nous le fommes.
On leur a fait la guerre; ils ont été vainqueurs;
Choififfons les exploits que choifiroient leurs cœurs.

ARMINIUS.

Eft-ce leur voix ici qui frappe mon oreille?
Mon pere, c'en eft fait, Arminius s'éveille.

Un nouveau jour m'éclaire, & fait évanouir
L'erreur dont ma jeuneſſe aimoit à s'éblouir.
Si j'ai quelque courage, en moi c'étoit un crime
De l'armer en faveur de Rome qui m'opprime.
C'eſt contr'elle aujourd'hui qu'il faut tourner ces mains ;
Et je vais les plonger dans le ſang des Romains,
Dont l'inſolent orgueil ſi digne de nos haines,
Sur le monde effrayé veut étendre ſes chaînes.
Briſons-les ; & du monde aſſurons le repos.
N'eſt-ce pas là le choix que feroient ces héros,
S'ils reſpiroient encor, ſi dans la Germanie,
Ils voyoient triompher Rome & ſa tyrannie.…

SÉGISMAR.

Crois-tu que leur courage eût laiſſé des tyrans
Vivre au milieu de nous, juger nos différends ?
Et de nos Citoyens ſe croyant déjà maîtres,
Perdre les vertueux, récompenſer les traîtres ?
Venez nous ſecourir, Héros, éveillez-vous ;
Sortez de vos tombeaux ; vivez & ſauvez-nous !

ARMINIUS.

Ah ! mon pere, arrêtez, laiſſons en paix ces Manes.
Et ne les troublons pas par des clameurs profanes.
Nous vivons ; devons-nous pour défendre nos jours,
Dans le ſein de la mort, mendier des ſecours ?
Nous vivons ; il ſuffit.

SÉGISMAR.

                    Dans ce péril extrême
Tu m'éleves, mon fils, au-deſſus de moi-même.

C'eſt en toi que j'eſpere ; embraſſe-moi, mon fils.

J'ai formé ton courage, & j'en reçois le prix.

Je diſois, en voyant l'ennemi qui nous brave :

Jeune, j'ai vécu libre ; & vieux, mourrai-je eſclave ?

Non, grace à ton grand cœur, j'attends un ſort plus
     beau.

Ton pere deſcendra libre dans le tombeau.

(en montrant Flavius).

Dans le camp de Varus, il veut que je me rende.

ARMINIUS.

Quoi ! mon pere ; iriez-vous ? . . .

SÉGISMAR.

Qui, moi ! que je deſcende

A cette lâcheté ! Moi, j'irois d'un Préteur,

Par un hommage vil, encenſer la hauteur !

Quel œil en cet état pourroit me reconnoître ?

Tandis que ſon orgueil me parleroit en maître,

Me tiendrois-je debout & courbé devant lui,

Comme ſi ma terreur attendoit ſon appui ?

C'eſt à lui de trembler, lui, dont l'injuſte audace

A changé, tout-à-coup, ſa priere en menace.

Le Peuple comme nous, ſent ce nouvel affront,

Et j'ai vu le courroux écrit ſur chaque front.

As-tu vu le Bructere, & le Chauque & le Cate,

Témoins de cette injure où tant d'orgueil éclate,

Jurer de nous défendre en ce preſſant danger ?

Les Hommes & les Dieux ſont prêts à nous venger.

Tout

Tout contre les Romains paroît d'intelligence.
Ce jour a vu l'infulte ; il verra la vengeance.

ARMINIUS.

Oui, par vous aujourd'hui mon courage animé
Veut être le vengeur de ce Peuple opprimé.
Sur mon frere & fur moi fa haine fe repofe ;
Qu'il compte fur la nôtre ; il va voir ce qu'elle ofe.
Nous remplirons vos vœux ; vous verrez vos enfans ,
Marcher contre Varus, revenir triomphans.
Le Ciel veut un combat fanglant, affreux, mais jufte.
Et Rome de nos coups verra pâlir Augufte.

SÉGISMAR.

Trop d'animofité peut égarer tes coups ;
Le vrai courage éteint ou guide le courroux.
Une valeur féroce à foi-même eft contraire ;
Souffre qu'en ce moment ma prudence t'éclaire ;
Qu'elle guide ta force : & ta force en ce jour,
Mon fils, animera ma prudence à fon tour.
Cependant le tems preffe ; il faut que tu ménages
Un combat qui de Rome arrête les outrages.
Moi, je vais retrouver le Peuple qui m'attend ;
Je lui découvrirai les piéges qu'on lui tend.
On veut l'intimider, on cherche à le féduire ;
Sur fes grands intérêts, c'eft à moi de l'inftruire :
Et c'eft à toi, mon fils , de veiller aujourd'hui
Sur un frere, en qui Rome ici trouve un appui.

C

SCENE III.

ARMINIUS, FLAVIUS.

FLAVIUS *à part.*

DE honte, de douleur accablé par un pere ,
Dois-je encore essuyer les reproches d'un frere !

ARMINIUS.

Je t'entends soupirer ? ---- tu contemples les Cieux. ——
D'où vient que mes regards te font baisser les yeux ?
Quel ennui te dévore ? Ah ! parle , sois sincere ;
Apprends-moi tes chagrins ; es-tu jaloux d'un frere ?
Le Peuple te chérit ; tu commandes sous moi ;
Les premiers Citoyens veulent servir sous toi.
N'es-tu pas satisfait de cet honneur insigne ?
D'un poste plus brillant ton cœur se croit-il digne ?
Si ton rang à tes yeux est trop peu distingué ,
Je te céde le mien , que je n'ai pas brigué.

FLAVIUS.

Montre moins de grandeur à mon ame éperdue.
Cette premiere place à ta valeur est due.
Je n'en suis point jaloux. Mais dans un si haut rang,
Quelquefois la valeur , trop avide de sang,
S'égare en des projets de combats , de victoire,
Que devroit écarter la véritable gloire ;

D'un pere dont la haine enflâme les regards,
Au seul nom des Romains, de leurs loix, de leurs arts,
Qui, du reste du monde, attirent les hommages,
Tu devrois adoucir les préjugés sauvages.
Sans eux, nous jouirions des charmes de la paix.
Les horreurs de la guerre ...

ARMINIUS.

                    Ont pour moi plus d'attraits.
Mon pays de mon bras exige le service,
Je lui dois de mon sang le noble sacrifice.

FLAVIUS.

Tout ton sang répandu le servira bien moins
Que si tu sçais pour lui prodiguer tous tes soins.
Montre envers les Romains une ame moins aigrie ;
Sachons les imiter ; aimons leur industrie.
L'éclat de leurs travaux, la splendeur de leurs arts,
La pompe de leurs jeux, enchantoient tes regards.

ARMINIUS.

Voilà donc tes desirs ! Ma jeunesse trompée,
De leurs jeux, il est vrai, fut quelquefois frappée.
Quand, les crins hérissés, les yeux étincelans,
Des tigres, des lions les terribles élans,
L'immobile fierté, la rage mugissante,
S'animoient au combat dans l'arene sanglante ;
Quand un couple nerveux d'ardens Gladiateurs
Déchiroit par leurs coups l'ame des spectateurs ;

Que fur un char léger, volant dans la carriere;
La jeuneffe bouillante, à travers la pouffiere,
Au but victorieux guidoit de fiers courfiers:
Tout mon cœur à ces jeux fi nobles, fi guerriers,
Si dignes de nos mœurs, palpitoit d'allégreffe:
Ce n'eft plus à des jeux que mon cœur s'intéreffe.
Le Romain nous invite à voir d'autres combats;
Il vient nous menacer, & nous fommes foldats.
Eh! quoi, n'entends-tu pas la liberté qui crie:
Perdez mes ennemis, fauvez votre patrie.

FLAVIUS.

Ah! ceffe, Arminius, de me faire rougir.
Quand il en fera temps, tu me verras agir.
Ne crains pas que jamais mon courage s'égare;
Mais je n'ai plus une ame infenfible & barbare.
Ah! fouviens-toi que Rome en moi voit un Germain,
Qu'elle a rendu plus grand, plus jufte, plus humain.
Après tant de bienfaits, je n'ai pas la puiffance
De vouloir lui ravir toute reconnoiffance.
J'aime encor les Romains; & tu les dois aimer;
Ils t'ont comblé d'honneurs, pour te mieux animer.
A toutes les vertus qui forment le grand homme;
Tes titres, ton nom même eft un bienfait de Rome.
Va, tant que cet anneau décorera ta main,
Comme moi, tu dois être & Chérufque & Romain.

ARMINIUS.

Moi Romain! c'eft un crime ici de le paroître...
Abjure ainfi que moi ce nom digne d'un traître.

Je veux rompre à tes yeux mes vains engagemens.
O Dieux, qui m'entendez, recevez mes fermens ;
Embrâfez cette main, fi je la pare encore
D'un don qui m'avilit & qui vous déshonore.

(il jette fon anneau.)

FLAVIUS.

Rome de fes faveurs n'attendoit pas ce prix ;
Je ne les croyois pas dignes de ton mépris.
Quand elle te renvoie une Amante, une Epoufe,
Dont j'ai cru jufqu'ici ton ame fi jaloufe,
Ce don t'avilit-il, & le dédaignes-tu ?

ARMINIUS.

Je ne puis de Thufnelde oublier la vertu.

FLAVIUS.

Tu l'aimes donc toujours ?

ARMINIUS.

        Ce n'eft pas fa jeuneffe,
Son rang ni fa beauté, qui fixent ma tendreffe.
Des charmes plus puiffans ont troublé mon repos :
La fille d'Adélinde a l'ame d'un héros.
Cette ame que j'adore — & que tu dois connoître —
Dans quel perfide fein, Dieux ! l'avez-vous fait naître ?

FLAVIUS.

Quoi ! fa mere ! …

ARMINIUS.

        Elle offroit de faire mon bonheur.
Mais, ô Ciel ! à quel prix ? il va te faire horreur.

Ciij

Il falloit, imitant toutes ſes perfidies,
Me rendre l'artiſan de ſes trames hardies,
Faire fleurir ici les vices des Romains,
Lui jurer d'abolir les vertus des Germains ;
Et docile aux conſeils que lui dicte ſa rage,
A ſon lâche deſſein conſacrer mon courage.
Mere impie, à tes vœux ſi je m'étois rendu,
J'ai le cœur de ta fille, & je l'aurois perdu !
C'eſt elle qui m'éleve & me rend magnanime.
S'il faut perdre ſa main, conſervons ſon eſtime...
Mais notre liberté, mon frere eſt en danger ;
A tout autre intérêt gardons-nous de ſonger.
Sors de cette molleſſe où s'endort ton courage ;
Songe que Rome veille & pourſuit ſon ouvrage :
Viens, ne vois point en moi ton Chef, ton Général,
Mais un frere, toujours ton ami, ton égal.
Participe aux lauriers que m'apprête la gloire,
En partageant les ſoins qu'exige la victoire.

Fin du ſecond Acte.

ACTE III.

SCENE PREMIERE.
ADÉLINDE *seule*.

INFLEXIBLE vieillard, orgueilleux Citoyen,
Ton farouche parti l'emporte fur le mien.
Tu croirois avilir ton fuperbe courage,
En prévenant Varus par un premier hommage.
D'une vaine hauteur il faura s'affranchir.
Moi-même devant toi je l'engage à fléchir,
A flatter cet orgueil où ton parti s'obftine.
Mais tremble ; ton triomphe avance ta ruine.
Tes fils font divifés, & tu vas aujourd'hui
Voir l'un de tes foutiens devenir mon appui.
Mais d'où vient que Marcus, qui déja devroit être
De retour en ces lieux… Ah! je le vois paroître.

SCENE II.
MARCUS, ADÉLINDE.
ADÉLINDE.

EH bien, Varus…

MARCUS.

Varus, fuivant votre confeil,
D'un hommage contraint ordonne l'appareil.

C iv

Il va se rendre ici; mais êtes-vous certaine,
Qu'il ne hazarde pas une démarche vaine?

A D É L I N D E.

Si tu l'as prévenu, que sa marche en ces lieux,
Pour gagner tous les cœurs, doit frapper tous les yeux;
Si dans ces bois surpris de sa magnificence,
L'éclat de son entrée annonce sa puissance;
Non, je ne doute point qu'à ce nouvel aspect,
Le zele de nos Chefs ne soit plus circonspect.
Leur audace du moins ne pourra se défendre
De répondre à l'honneur qu'il consent de leur rendre,
Il vient dans leurs forêts; crois que ce même jour
Les verra dans son camp arriver à leur tour.
Et là, de leur destin, Varus sera le maître.
Et de celui du peuple, ici, moi, je vais l'être.
Auguste aura bientôt des Autels parmi nous,
Si mon fils, que je crains...

M A R C U S.

Eh! Que redoutez-vous

D'un fils si vertueux?...

A D É L I N D E.

Sa vertu, dont moi-même

J'ai trop encouragé l'indépendance extrême.
Il faut de mes desseins, conçus pour sa grandeur,
Découvrir à ses yeux toute la profondeur.
J'ai choisi ce moment; je l'attens & je tremble,
Qu'insensible aux honneurs que pour lui seul j'assemble,

Son cœur, qui ne connoît encor que son devoir,
Ne rejette à la fois le sceptre & l'encensoir.

MARCUS.

Comptez sur une aveugle & prompte obéissance.
Montrez-lui ce que c'est que la toute-puissance ;
Vous verrez sa vertu se faire illusion,
Et laisser un champ libre à son ambition.

ADÉLINDE.

Je ne sais ! mais allez ; que ce parti farouche,
Qui veut vous avilir, sache par votre bouche,
Que le Préteur veut bien, oubliant tous ses droits,
Pour nos seuls intérêts, descendre dans nos bois.

MARCUS.

J'ai vu le Général, & sa haine troublée
A soudain, de vos Chefs, convoqué l'assemblée.
J'ai promis de m'y rendre ; ils me feront savoir
Le lieu qu'ils ont choisi pour nous y recevoir.

SCENE III.
SIGISMOND, ADÉLINDE.
ADÉLINDE.

JE le vois : sur son front, la tristesse est empreinte ;
Après avoir considéré Sigismond qui paroît embarrassé.
Quel silence, mon fils ?

SIGISMOND.

Ah ! vous voyez ma crainte :

Je trahis mon devoir, ma Patrie & mes Dieux.

ADÉLINDE.

Vas, tu ne trahis rien ; écoute, ouvre les yeux ;
Quitte d'un peuple vil les préjugés bizares,
Et vois tous les mortels, policés ou barbares,
Dans le sein des Cités, au milieu des forêts,
Du beau nom de devoir, masquer leurs intérêts :
L'amour de la sagesse a perdu plus d'un Sage.
Suis Rome qui t'appelle & qui t'ouvrant son sein,
Pour illustrer ton sort, veut servir mon dessein.
Eh quoi ! si ton pays à ta grandeur s'oppose,
S'il ne fait rien pour toi, lui dois-tu quelque chose ?
Qu'attends-tu de ces Dieux ? s'occupent-ils de nous ?
Quel bien fait leur bonté ? Quel mal fait leur courroux ?
Rome a des Grands, mon fils, plus puissants sur la terre,
Que ces fantômes vains dont tu crains le tonnerre.
Prodigue ton encens à ceux dont le pouvoir
Peut à son gré détruire ou combler ton espoir.

SIGISMOND.

Qu'entends-je ? Où suis-je ? Quoi ! C'est la voix d'une
    mere,
Cette voix consolante, & qui m'étoit si chere !
Qui m'apprit la vertu ! qui fut mon seul appui !
Trompoit-elle autrefois ? m'instruit-elle aujourd'hui ?
Dois-je étouffer en moi la voix de la sagesse ?
Ah ! de l'ambition, voulez-vous que l'ivresse,

Des plus beaux de mes jours trouble tous les inſtans ?

A D É L I N D E.

Ce n'eſt pas moi, mon fils, qui le veux ; c'eſt le temps.
Les Germains vont changer de Dieux & de maximes.
Les vertus de nos jours feront bientôt des crimes.
J'ai fait ce que j'ai dû ; tu nâquis Citoyen ,
Et pour te diſtinguer tu n'avois qu'un moyen ;
Une extrême valeur jointe à l'obéiſſance :
A ces deux qualités j'ai formé ton enfance.
Mais tu vois les Romains . . . . diſſipe ton effroi ;
Ils ne feront la guerre ou la paix que pour toi.
Ils vont mettre en tes mains ces ſauvages contrées ;
Et j'en ai pour garant leurs promeſſes ſacrées.
Tu devois obéir , il s'agit de régner ;
Et c'eſt ce nouvel art que je veux t'enſeigner.
Que les Dieux du Véſer cedent aux Dieux du Tibre ;
Détruis ta liberté pour devenir plus libre ;
Accoutume tes yeux à de nouveaux objets ;
Sers Rome ; tes égaux vont être tes ſujets.
La Mitre eſt ſur ton front ; j'y mettrai la Couronne.
Eleve ton génie , & monte ſur le trône.

S I G I S M O N D.

Moi, m'aſſeoir ſur un trône, où ſiégent les remords !
Moi, détruire en mon cœur ſes plus nobles tranſports ,
Et porter ſur mon front la double ignominie ,
Et de la ſervitude & de la tyrannie !

Un simple Citoyen , difiez-vous, eft plus grand....

ADÉLINDE.

Oui, mais ce n'eft qu'un nom, qu'à fon gré chacun
 prend :
Le parti le plus bas, s'arroge un fi beau titre ;
Et des autres fe croit le fouverain arbitre.
De l'intérêt commun tous paroiffent épris ;
Et le peuple incertain, divifé par leurs cris,
De leurs deffeins cachés, victime déplorable,
S'imagine être libre & n'eft que miférable.
Le grand homme , au milieu de ces partis affreux,
S'éleve, les fubjugue & les rend tous heureux.

SIGISMOND.

Eh! ne voyez-vous pas s'élever des tempêtes ;
Et pour me renverfer , mille mains toutes prêtes !
Les fils de Ségifmar , plus orgueilleux que moi,
Voudront-ils s'abaiffer à reconnoître un Roi
Dans le fils d'Adélinde?

ADÉLINDE.

Oui, connois mieux ta mere ;
Elle ne craint plus rien des enfans ni du pere.

SIGISMOND.

Quoi, le grand Ségifmar , le fier Arminius. ..

ADÉLINDE.

Ils font tes ennemis ; mais contre eux Flavius
A déjà dans mes mains juré de te défendre.
Pour toi, vois ton ami prêt à tout entreprendre,

Il commande un Parti de dix mille Germains,
Qu'il va déterminer à se joindre aux Romains,
Si nos chefs obstinés dans leur haine impuissante,
Rejettent l'amitié que Rome leur présente.

S I G I S M O N D.

Leur courage jamais ne pourra consentir
A des dons présentés pour les assujettir.

A D É L I N D E.

Tu peux regner par eux ; ils ont fait d'un Octave
Le Souverain de Rome.

S I G I S M O N D.

                    Ils m'en feroient l'esclave !

A D É L I N D E.

Non, je prétends fonder un Empire aujourd'hui,
Qui ne dépendra pas longtems de son appui.
Ta mere t'apprendra bientôt l'art de détruire
Ceux qui vont t'élever, s'ils cherchoient à te nuire.

S I G I S M O N D.

Arrêtez. Votre fils tremblant à vos genoux,
Peut renoncer au jour qu'il a reçu de vous ;
Mais devenir tyran ! Non, son cœur n'est plus maître
D'éteindre cette horreur que vous avez fait naître.
   (*Adelinde jette un regard d'Indignation sur son fils.*)
Punissez....

A D É L I N D E.

      Soumets-toi, tu sçais ma volonté.
Par ces Dieux, devant qui tu lasses ma bonté,

Jure, jure à l'inftant d'obéir à ta mere.

SIGISMOND.

Ils ne font à vos yeux qu'une vaine chimere.

ADÉLINDE.

Tu les crois ; fais ferment de remplir mes deffeins.

SIGISMOND.

Je fens combattre en moi les devoirs les plus faints ;
Il faut que je balance & que mon cœur abjure
Les droits de la patrie ou ceux de la nature ;
Je fuis un facrilége en ces lieux abhorré ;
Mon fort eft d'être encor traître ou dénaturé !
O Patrie, eft-ce toi qui feras la plus forte ?
Je ne peux réfifter.... une mere l'emporte.
Plein d'horreur pour vos vœux, je ne peux vous hair.
Je jure, je promets de ne pas vous trahir.
Ah ! j'apperçois Marcus.

ADÉLINDE.

Va, laiffe-moi.

SCENE IV.

MARCUS, ADÉLINDE.

MARCUS.

Princesse,

C'eft ici que Varus vient remplir fa promeffe,

Tous vos Chefs font enfin difpofés à le voir ;
Et fi fon éloquence eft fur eux fans pouvoir,
Ils n'échapperont pas au piége qu'il leur dreffe.
Déjà pour l'admirer tout le peuple s'empreffe.

ADÉLINDE.

Eh ! bien, je me retire, & vais tout préparer,
Pour confondre ces Chefs, & les faire abhorrer.

SCENE V.

SÉGISMAR, ARMINIUS, FLAVIUS, MARCUS,
LES CHEFS DES ALLIÉS & *leur fuite*; *Citoyens*
Chérufques.

MARCUS.

LE Préteur plein d'efpoir vient.

SÉGISMAR.

Oui, mais il fe trompe,
S'il croit nous éblouir par une vaine pompe.
Varus peut s'épargner tant d'inutiles foins.
Rome fe hâte trop ; elle devroit du moins
Attendre que ce peuple eût donné quelque indice
Que la vertu lui pefe & qu'il cherche le vice.
Rome ailleurs à fon gré, peut élever fa voix ;
Quand nous aurons fes mœurs, nous recevrons fes
Loix.
L'équité nous fuffit.

FLAVIUS.

Songez qu'en sa carriere,
Pleine d'obscurité, nous marchons sans lumiere ;
Les Loix sont ses flambeaux. Et vous les écartez !
Laissez-les parmi nous répandre leurs clartés,
Dont l'éclat a rendu les Romains si célébres.

SÈGISMAR.

Il vaut mieux à jamais rester dans nos ténébres.
Qu'importe, quand un peuple est fort & vertueux,
Qu'il ait de vaines Loix, des arts voluptueux ?
Il faut d'autres soutiens, il faut des dons plus rares,
Dans ces climats que Rome ose nommer barbares ;
Et qui le font moins qu'elle & que ses vils tyrans,
Jaloux de présider à tous nos différends ;
Mais, Princes, de Varus je vois déjà la Garde :
Songeons qu'en ce moment, l'œil des Dieux nous
  regarde.

SCENE VI.

*VARUS précédé de six Licteurs & suivi d'un brillant
Cortége. Les Acteurs précédens. (Les Chérusques se
rangent d'un côté, les Alliés de l'autre ; les Romains
occupent le fond du Théâtre ; Varus & Arminius
s'approchent vers le milieu.)*

VARUS *à Arminius.*

Ce peuple, dont je sais estimer la fierté,
Pourra-t-il de ma voix souffrir la liberté ?

ARMINIUS.

ARMINIUS.

Si ton deſſein n'eſt pas de lui parler en Maître,
Parle, nous t'écoutons.

VARUS.

Vous allez me connoître :
Nous venons en amis, & non pas en Vainqueurs.

ARMINIUS.

Ce titre, ſur le champ, trouveroit des Vengeurs.

VARUS.

De l'ame des Germains, j'admire la nobleſſe ;
Mais à tant de grandeur ſe mêle une foibleſſe.
Des Héros ne ſont point inquiets, ſoupçonneux.
Doivent-ils craindre en nous, ce qui n'eſt point en
    eux ?
Vous doutez qu'un Romain puiſſe être magnanime !
Rendez plus de Juſtice à l'eſprit qui m'anime.
Je ne mets point ma gloire à ſéduire, à tromper ;
Quels que ſoient vos ſoupçons, je veux les diſſiper,
En faiſant rejaillir juſques ſur vos rivages,
L'abondance de Rome, & tous ſes avantages.
Sans croire s'abaiſſer, la Majeſté des Rois,
Souvent nous a rendus arbitres de leurs droits.
A nos Légiſlateurs, vous préférez les vôtres ;
L'Univers ne peut être heureux que par les nôtres.
J'oſe eſpérer qu'un jour vous les connoîtrez mieux ;
Vous rougirez alors de vos mœurs, de vos Dieux ;

D

Et vous viendrez à Rome, avec des voix moins fieres,
Rechercher ses vertus & briguer ses lumieres ;
Maintenant qu'elles sont l'objet de vos terreurs,
Restez assujettis à vos tristes erreurs ;
Suivez votre penchant, & ce bouillant courage
Qui n'aspire à briller qu'au milieu du carnage.
Vous croyez que la gloire & le nom de vainqueur,
Sont les seuls , dont l'éclat doit toucher un grand
   cœur :
Eh bien ! si la victoire a pour vous tant de charmes,
Venez vaincre avec nous ; réunissons nos armes.
Sur le trône du Monde un Monarque affermi,
Auguste , se déclare aujourd'hui votre ami.
Depuis que de Germains sa garde est composée,
Sa tête aux trahisons cesse d'être exposée ;
Vos Citoyens pour lui ne sont plus étrangers.
Leur zele, de son trône, écarte les dangers.
Et vous, quoi ! vous pourriez, sur une crainte injuste,
Vous déclarer ici les ennemis d'Auguste ?
Quand son amour pour vous cherche à se signaler,
Verrois-je contre lui la haine s'exhaler,
Soulever les esprits, les animer à suivre
L'audace de Mélo , qui commence à revivre ?
On voit ses Lieutenans courir de toutes parts,
Pour rassembler, dit-on, ses Sicambres épars.
On dit que sa fureur, pleine de confiance,
Du Chérusque en secret, recherche l'alliance :
Mais Rome offre la sienne ; & je ne peux penser
Qu'entre Auguste & Mélo vous puissiez balancer.

L'une ou l'autre alliance en ce moment offerte,
Devient votre salut ou cause votre perte.
J'ai voulu sans détour vous parler une fois.
Je suis venu sans crainte au milieu de vos bois.
Ne soyez pas surpris, si ma voix vous annonce,
Que ce soir, dans mon camp, j'attends votre réponse.

SCENE VII.

SÉGISMAR, ARMINIUS, FLAVIUS, LES CHEFS
DES ALLIÉS *& leur suite*, CITOYENS CHÉRUS-
QUES. (*Les Alliés sont d'un côté & les Chérusques
de l'autre.*)

ARMINIUS.

Vous l'avez entendu; Peuples, vous voyez tous,
Quel service odieux Rome exige de vous.
Elle veut vous détruire, & pour ce grand ouvrage,
Elle ose destiner votre propre courage.
Ah ! contemplons Mélo; son trône est renversé,
Sa tête mise à prix, son peuple dispersé.
Rome redoute un Roi qui brave tant d'obstacles,
Qui s'aprête à donner le plus grand des spectacles.
Mélo change en soldats les plus vils des humains,
Et ce sont des héros qui sortent de ses mains.
Leur zele le suivoit dans d'affreuses retraites;
On les voit reparoître après tant de défaites.

Et voilà ceux que Rome ordonne d'accabler !
Irez-vous la servir, quand ils la font trembler ?
Ne vous y trompez pas ; Rome attend que vos armes
Renversent l'ennemi qui cause ses allarmes.
Vous la verrez soudain se tourner contre vous,
Pour orner un triomphe obtenu par vos coups ;
Et sa fortune alors par vous-même agrandie ,
Traitera ce bienfait comme une perfidie.
N'écoutons que l'honneur, l'honneur qui nous prescrit
De secourir un Roi par un tyran proscrit.

FLAVIUS.

J'admire Arminius ; son courage me charme ;
Mais sa témérité me surprend & m'allarme.
Il conçoit, contre Rome , un chimérique espoir ;
Que peuvent nos efforts contre tant de pouvoir ?
Vengerons-nous Mélo , nous, de qui l'impuissance
A trahi si souvent notre propre vengeance !
Des Germains tant de fois vaincus & terrassés,
Ne renouvellons pas les désastres passés.

SÉGISMARD.

Flavius ! c'est mon fils , qui croit Rome invincible,
Rome , à sa liberté devenue insensible !
Ne sens-tu plus la tienne ?..... O braves Alliés,
Du pouvoir des Romains êtes -vous effrayés ?
De nos Troupes contre eux la valeur réunie
Sait affronter la mort & fuir l'ignominie.
Attaquons les Romains. Oui , Princes , combattons.
Quoi ! ne valons-nous pas les Cimbres , les Teutons ?

Ah ! nous verrons comme eux fuir les tyrans du Tibre,
Qui ne peuvent souffrir l'aspect d'un Peuple libre,
Qui détrônent les Rois, qui foulent l'Univers.

LE CHEF DES BRUCTERES.

Pour moi, j'ai toujours vu dans les combats divers,
Où, contre les Romains, nous conduisit la gloire,
La justice pour nous & pour eux la victoire.
Flavius, nous prêtons nos bras & nos conseils ;
C'est aux Dieux à régler le sort de nos pareils.
Peut-être allons-nous voir la victoire, plus juste,
Humilier l'orgueil des Esclaves d'Auguste ;
Mais si contre nos vœux son caprice est constant,
S'il faut périr, eh bien, la gloire nous attend ;
Le Ciel à la valeur offre une autre patrie,
Où la vertu triomphe & n'est jamais flétrie.

ARMINIUS.

Il faut combattre Rome ou vivre sous ses loix. —
Princes, votre regard m'annonce votre choix.
Hâtons-nous, combattons, & que notre courage,
Nous délivre à jamais d'un honteux esclavage.

FLAVIUS.

Devons-nous oublier que Varus nous attend ?
Est-ce à nous, contre lui, de choisir cet instant ?
Sans répondre à l'honneur qu'il est venu nous rendre,
Irons-nous l'attaquer, irons-nous le surprendre ?

SÉGISMAR.

Veux-tu que dans son camp nous flations un Préteur,
Et que nous empruntions son langage imposteur ?

ARMINIUS.

Non, que notre franchise étonne sa souplesse.
Craindre de lui parler, seroit une foiblesse.
Je lirai dans son ame, & d'après ses projets,
Nous lui déclarerons ou la guerre ou la paix.

Fin du troisieme Acte.

ACTE IV.

SCENE PREMIERE.

THUSNELDE, GISELLE.

THUSNELDE.

Parmi tant de Héros, parle-moi sans détour ?
Est-ce lui, dont en vain on attend le retour ?
Quoi ! ce grand Citoyen que leur choix magnanime
A nommé pour guider l'ardeur qui les anime,
Arminius . . . .

GISELLE.

Ce Prince est le seul que nos Dieux
N'ont pas voulu sauver de ce piége odieux.
Dans le camp des Romains. . . . .

THUSNELDE.

O crime ! ô perfidie !
O vile politique ! ô lâcheté hardie !
Un Préteur ! étouffer dans son cœur tout remord,
Pour préparer des fers . . . .

GISELLE.

Et peut-être la mort !
De nos généreux Chefs, il redoute l'élite ;
Contre leur fermeté sa foiblesse s'irrite.

THUSNELDE.

Arminius, des siens marchoit environné;
Et dans ce grand danger, tous l'ont abandonné!

GISELLE.

N'imputez son malheur qu'à son ardeur bouillante,
Qui n'a pu supporter une marche trop lente.
Il les a devancés : cependant aucun d'eux,
Ne soupçonnoit Varus d'un complot si honteux.
Ils alloient, dans son camp, entrer sans défiance,
Lorsqu'on en voit sortir un Cate qui s'avance,
Qui s'approche en criant : *ó Germains, arrêtez,*
Vous êtes tous perdus, si vous ne m'écoutez;
Sachez qu'Arminius estime mon courage.....
Ségismar vient, l'écoute, & change de visage;
Il appelle les Chefs qu'il consulte un moment :
Et soudain on les voit avec étonnement,
Maudire de Varus les pavillons perfides,
Et vers leurs simples toîts tourner leurs pas rapides.
Mais, je vois Adélinde.

THUSNELDE.

                Ah! cachons mon effroi.
Du sort d'Arminius, va, cours, informe-toi.

SCENE II.

ADÉLINDE, THUSNELDE.

THUSNELDE.

Voila donc le bonheur, la gloire, la puissance,
Que produisent les Loix, les Arts & la présence
De ces Romains, si chers & si grands à vos yeux?
On dit qu'Arminius dans des fers odieux.....

ADÉLINDE.

Son orgueil, ses mépris, méritoient ce salaire ;
Il osoit m'offenser, & cherchoit à te plaire.
Oublie Arminius. Que son nom avili,
Dans l'opprobre à jamais demeure enseveli !
Il abusoit déjà d'une vaine puissance ;
J'ai vu tous ses égaux las de son arrogance.
De ce Chef qu'on rejette, un autre aussi puissant,
Moins fier que ce barbare & plus reconnoissant,
Bientôt avec ta main, va prendre ici la place.

THUSNELDE.

Eh ! quel est ce Germain dont l'infidele audace
Songe à le remplacer dans son rang, dans mon cœur,
Et de Rome & de moi pense être le vainqueur?

ADÉLINDE.

C'eſt un vrai Citoyen, un Héros.....

THUSNELDE.

C'eſt un traître.
Je ne le connois pas, ni ne le veux connoître.

ADÉLINDE.

Tu le connois, ma fille, il eſt digne de toi.

THUSNELDE.

Lui ! Lit-il dans mon ame, & ſait-il que ma foi,
Que toute mon eſtime & toute ma tendreſſe ...
Pardonnez ... Je me perds ; vous voyez ma foibleſſe.

ADÉLINDE.

Je vois que ton courage en ſaura triompher.
Quelque ſoit ton amour, il le faut étouffer.

THUSNELDE.

Eh quoi ! vous ordonnez que j'étouffe une flâme,
Qui jamais ſans vos ſoins n'auroit troublé mon ame.
Vous voulez que j'oublie... Eh bien, je me ſoumets.
Reclamez ce héros ; qu'il vienne & je promets
Qu'à mes loix, ſon ardeur, également ſoumiſe,
Me rendra ſur le champ la foi que j'ai promiſe.
Je ſerai libre alors, je verrai ſon rival.
Et ſi l'amour du Peuple, en ce moment fatal ;

Plus que mes vains attraits, & l'enflâme & l'infpire :
Ma mere, vous pouvez, de ce cœur qui foupire,
Une feconde fois difpofer aujourd'hui.
Nommez cet autre époux, & je m'immole à lui :
Ce facrifice eft grand ; il eft affreux fans doute.
Mais je fuis Citoyenne, & l'effort qu'il m'en coûte. . .

ADÉLINDE.

Cefle de m'accabler du nom de Citoyen.
Sois ma fille avant tout ; c'eft ton premier lien.
Tout autre doit ici lui céder la victoire :
De toi, ta mere attend ou fa honte ou fa gloire :
Mon fort eft dans tes mains. Ce n'eft pas ton pays;
C'eft moi, par tes refus, oui, moi que tu trahis ;
Que ne puis-je te peindre à quels maux tu m'expofes ?
Confulte bien ton cœur, & perds-moi, fi tu l'ofes.

THUSNELDE.

Moi, vous perdre !

ADÉLINDE.

      Crains donc de méprifer l'époux
Qui va bientôt ici tomber à tes genoux.

SCENE III.

THUSNELDE *feule.*

QUEL eft donc cet époux qu'il faut que je préfere;
Si je ne veux caufer la perte de ma Mere ?
Arminius aux fers !

SCENE IV.

SIGISMOND, THUSNELDE.

SIGISMOND.

IL est libre.

THUSNELDE.

Comment ?

SIGISMOND.

Il a trompé Varus.

THUSNELDE.

Dieux ! quel événement !

SIGISMOND.

A l'aspect des Romains, à leur joie inquiete,
Son cœur a soupçonné quelque trame secrete ;
Il cachoit à leurs yeux ses regards allarmés.
Par un Cate bientôt ses soupçons confirmés,
Craignant tout pour nos Chefs, il les a fait instruire
De ce piége inoui tendu pour les détruire.
Tandis qu'Arminius cherchoit à les sauver,
Le Préteur se flattant de les voir arriver,
De les faire tomber tous dans le même abîme,
Laissoit en liberté cette grande victime.
Le héros prend son temps ; les perfides Romains
L'ont vu comme un éclair s'échapper de leurs mains.

Et fa fuite pour nous devient une victoire,
Qui les couvre de honte en le comblant de gloire!

THUSNELDE.

Que fait-il ?

SIGISMOND.

Je l'ai vu, parmi les Citoyens,
Qu'il anime à combattre, à brifer leurs liens.
Ton amant femble un Dieu dont la voix les appelle !
Et ton frere, en fecret, charmé de ce grand zele,
Dont tous les cœurs devroient fe laiffer animer,
N'ofe élever fa voix que pour le réprimer.

THUSNELDE.

Pourquoi te charges-tu d'un honteux miniftere ?
Abjure. . .

SIGISMOND.

Je ne puis...

THUSNELDE.

Qui t'arrête ?

SIGISMOND.

Une Mere,
Des Partifans de Rome invifible foutien,
Pour qui d'Arminius les vertus ne font rien.
J'ai vu les deux partis dans leur haine inflexibles,
L'un l'autre s'accufer de refter infenfibles

Aux maux que la Patrie eſt prête d'éprouver,
Et dont nos foibles mains ne peuvent la ſauver.
L'heure approche, où les Chefs qui prennent ſa défenſe,
Ici, devant ces Dieux que mon aſpect offenſe,
Vont paroître, & jurer de ſuivre Arminius.

THUSNELDE.

Ah! mon frere, déjà je crois voir Flavius.

(Elle court vers lui).

SCENE V.

FLAVIUS *armé*, THUSNELDE, SIGISMOND.

THUSNELDE.

O Toi! que mon amour, mon devoir & mon Pere
Me flattoient de pouvoir bientôt nommer mon frere,
Souffre que j'applaudiſſe à cette prompte ardeur.
Des autres vrais Germains d'où vient donc la lenteur?

FLAVIUS.

Le feu qui les tranſporte, inſpiré par la haine,
Eſt loin de reſſembler à l'ardeur qui m'entraîne.

THUSNELDE.

Flavius, ton courage en un ſi grand beſoin,
A le même devoir, & non le même ſoin?

FLAVIUS.

Ah ! qu'un foin différent m'anime & me confume !
Ils fuivent le flambeau que la vengeance allume ;
Ils n'ont qu'un feul devoir & qu'un vœu mutuel.
Moi, je fuis tourmenté, dans ce moment cruel,
De devoirs oppofés, & de vœux tous contraires.
Ils n'ont qu'un ennemi ; moi, j'ai mille adverfaires.
Chérufques & Romains, tous viennent m'allarmer.
Le trouble eft dans mon ame ; ah ! daignez le calmer.

THUSNELDE.

Quel défordre inoui ! quel étrange langage !
O mon cher Flavius, rappelle ton courage,
Toi de qui l'amitié daigna jufqu'à ce jour. . . .

FLAVIUS.

A mon égarement méconnois-tu l'amour ?
C'eft lui feul qui m'amene. Eh quoi ! quelle furprife !
Ne fais-tu pas encor qu'une Mere autorife. . . .

THUSNELDE.

Dieux ! C'eft toi... fonges-tu qu'un frere qui t'eft cher..

FLAVIUS.

Je ne penfe qu'à toi ; regarde, vois ce fer.
Parle ; doit-il fervir Rome ou la Germanie ?
Veux-tu la liberté ? veux-tu la tyrannie ?
Sur tous mes fentimens toi feule peux régner.
Dis, qui faut-il punir ? qui faut-il épargner ?

Détermine mon choix favorable ou funeste ;
Montre-moi le parti qu'il faut que je déteste.
Finis les longs tourmens d'un cœur trop partagé ;

(en montrant le fer dont il est armé.)

Ordonne... dans quel sein veux-tu qu'il soit plongé ?
Tu te tais....

THUSNELDE.

Oses-tu me choisir pour arbitre ?
Dans quel temps !....

FLAVIUS.

Ton reproche éclate à juste titre ;
Mon cœur a trop tardé de s'ouvrir à tes yeux.
Mais pardonne à ce cœur que tourmentent les Dieux,
Que tous ses sentimens en tumulte déchirent,
Que Rome & mon pays cruellemeut attirent,
Qu'Adélinde & mon Pere appellent à la fois.—
Je ne veux écouter désormais que ta voix.

THUSNELDE.

Entre la liberté, l'amour, ton peuple & Rome,
Je te vois balancer ... & tu prétens être homme !
Que ton cœur incertain ne me consulte pas !
Tu me ferois rougir de mes foibles appas,
S'ils étoient plus puissans dans ton ame attendrie ;
Que tes premiers devoirs, l'honneur & la patrie.

FLAVIUS.

FLAVIUS.

T'aimer eſt mon bonheur, mon unique devoir.
A tes pieds. ....

THUSNELDE.

Leve-toi. Quitte un coupable eſpoir.
D'un mépriſable amour, porte ailleurs les hommages.

FLAVIUS *en ſe levant.*

Oſes-tu m'outrager ?

THUSNELDE.

Non, c'eſt toi qui m'outrages.
Souffrirai-je un amant aſſez préſomptueux,
Pour aſpirer à moi, ſans être vertueux ?
Les grandes actions n'échauffent plus ton ame,
Qui ſe livre aux tranſports d'une honteuſe flame.
Tu veilles pour me plaire ; & ton bras endormi
Eſt armé vainement aux yeux de l'ennemi.
Eſt-ce là cet amour, le partage du brave ?
Lui, qui fait des héros, peut-il te rendre eſclave ?
Ton frere, ton rival, de mes attraits touché,
Si ſon cœur à la gloire étoit moins attaché,
Eût-il fait ſur le mien .....

E

SCENE VII.

ARMINIUS *armé*, THUSNELDE, FLAVIUS, SIGISMOND.

ARMINIUS.

Que vois-je? La nuit sombre,
Qui commence à couvrir la terre de son ombre,
Trompe-t-elle mes yeux? ah! Thusnelde est-ce toi?

THUSNELDE.

O Ciel! Arminius!

ARMINIUS.

Thusnelde, je te voi.
O cher & doux moment! Mon cœur dans ton absence,
Craignoit tout pour tes jours, qu'assure ta présence.
Crois que chez les Romains ton sort seroit affreux,
S'ils te voyoient encor, quand je marche contre eux.

THUSNELDE.

Quoi! la peur de ma perte arrêtoit ton courage?
Va, plus un vil Préteur m'eut fait sentir sa rage,
Plus il m'eut annoncé que tu l'avois vaincu.
Thusnelde dans ses fers n'eut pas long-temps vécu;

Une mort glorieufe eut fini fes miferes.
Dans le féjour des Dieux, j'euffe appris à nos peres,
Que c'eft Arminius & fes coups triomphans,
Qui vengent leur patrie & fauvent leur enfans ;
Mais quoi ! dans ce moment dont je fens tout le
      charme,
Ton cœur paroît encor frappé de quelque allarme.
Du plus grand des dangers les Dieux nous ont fauvés ;
A de nouveaux périls fommes-nous réfervés ?
D'où viennent tes foupirs !

ARMINIUS.

             Tu m'aimes ; je t'adore ;
Et c'eft notre amour même ici que je déplore.
Mon efpoir eft trompé, Thufnelde ; c'eft en vain,
En poffédant ton cœur, que j'afpire à ta main.
Il faut y renoncer, ou fléchir fous des maîtres ;
Je marche fur les pas qu'ont fuivi nos ancêtres ;
Si l'on parle de moi, je veux qu'on dife un jour :
Il aimoit ; fon devoir l'emporta fur l'amour.

THUSNELDE.

Ton amour, je le fais, n'eft point une foibleffe.
Il m'a toujours paru digne de ma tendreffe.
Maintenant que ton cœur, vers la gloire emporté,
Ne fe laiffe toucher que par la liberté ;
Quand tu crains de m'aimer : je t'aime davantage,
Et l'amour dans mon ame agrandit mon courage.

Que ne peut ton amante aujourd'hui s'avancer,
Dans le champ glorieux, où tu vas t'élancer!
Ah! quel charme pour moi de suivre ta carriére,
Et d'essuyer ton front, où bientôt la poussiere,
La sueur & le sang paroîtront confondus;
De voir tous les Romains à tes pieds étendus!

FLAVIUS.

Cruelle, voilà donc le plaisir qui te flate!
Vois le mien . . . . . Il est temps que ma douleur éclate.
Je ne souffrirai pas que ton farouche amant
Jouisse d'un triomphe à tes yeux si charmant.
Je défendrai le sang qu'on s'aprête à répandre.
Viens, Suis-moi, Sigismond.

SCENE VIII.

ARMINIUS, THUSNELDE.

ARMINIUS.

AH! que viens-je d'entendre!
Je cherchois le perfide; il étoit devant moi!
Ton aspect m'a troublé; mes yeux n'ont vu que toi.
On vouloit aujourd'hui nous livrer à des maîtres.
Tu sais la trahison.

THUSNELDE.

Et je connois les traîtres!

Ils s'arment contre toi; vas combattre pour eux.
Pars & reviens vainqueur; fois grand, fois généreux;
Songe que tes vertus ont allumé ma flame.....

ARMINIUS.

O cœur vraiment Germain! Ta voix jette en mon ame,
Cette ame qui t'admire, une force, une ardeur,
Qui femble de ma gloire affurer la grandeur;
Pardonne au noble orgueil d'un cœur que tu tranf-
     portes.

THUSNELDE.

Ah! voici des Germains les fideles cohortes,
Dont la valeur t'attend pour diriger leurs pas.
Contre tant de héros, nourris dans les combats,
Verrai-je les Romains plus grands, plus intrépides..

ARMINIUS.

Non, tu ne verras point triompher des perfides;
Et le tyran de Rome être pour nous un Dieu.
Il faut nous féparer.... Adieu, Thufnelde, adieu.

THUSNELDE.

Hélas! en te quittant, j'ai peine à me défendre
Du trouble & de l'effroi qui viennent me furprendre:
Mais j'en crois ton courage; il ranime le mien;
Il va tout furmonter; non, je ne crains plus rien.

SCENE IX.

ARMINIUS, SÉGISMAR, LES CHEFS
DES ALLIÉS *& leur suite*, TROUPES
DES CHÉRUSQUES.

SÉGISMAR à *Arminius*.

Tes ordres sont suivis; nous marchons en silence.
Tout paroît seconder tes soins, ta vigilance.
Mes yeux ont vu partir nos Bardes, dont la voix
Porte dans tous les cœurs l'amour des grands exploits.
Trois fois de leurs sacrés & sublimes cantiques
A retenti le creux de nos chênes antiques.
Voici l'instant, mon fils, si long-temps souhaité,
L'instant de la vengeance & de la liberté.
L'aspect de ces héros me rend ma jeune audace;
Comment au milieu d'eux osé-je prendre place ?
Des Arts, des Loix de Rome & de son vil tyran,
Hélas! j'ai mis au jour un lâche partisan.
Des amis des Romains, Dieux! confondez le zele,
Et faites triompher notre haine fidelle.

ARMINIUS.

Un frere ne veut pas seconder mes efforts.
Il croit nous affoiblir; nous en sommes plus forts;
L'œil des Dieux parmi nous ne voit plus de perfides.
Amour de la patrie, ah! c'est toi qui nous guides.

Marchons dans le ſentier que nous trace l'honneur;
De tous les vrais Germains aſſurons le bonheur.
Celui qui dès long-temps jouit de la lumiere,
Avec la liberté, veut finir ſa carriere;
Celui dont l'œil encor ne voit pas la clarté,
En recevant le jour, veut voir la liberté.
Allons, vengeons ſa cauſe; affranchiſſons d'un Maître,
Le Peuple qui reſpire & celui qui doit naître.

(en partant).

O nuit, que ta profonde & ténébreuſe horreur,
Dans le camp des Romains répande la terreur.

(en paſſant devant les ſtatues).

Vous, héros immortels, chers à la Germanie,
Dieux de la liberté, perdez la tyrannie.

Fin du quatrieme Acte.

ACTE V.

SCENE PREMIERE.

THUSNELDE, GISELLE.

GISELLE.

Des aftres de la nuit, vois-tu la lueur fombre
Répandre dans nos bois plus d'horreur & plus d'ombre ?
L'aftre du jour éteint tous ces flambeaux errans ;
Ainfi la Liberté diffipe les tyrans.
Ah ! raffurons nos cœurs ; cette Lune croiffante
Annonce des Germains la victoire naiffante.
Voici l'inftant facré fi long-temps attendu,
Où l'orgueil des Romains doit être confondu.

THUSNELDE.

Il le fera fans doute ; oui, mon cœur fe raffure,
Non, fur des préjugés qu'infpire un vain augure,
Un Peuple de Héros qu'Arminius conduit,
L'amour de la patrie & l'ardeur qui le fuit,
La puiffance des Dieux, l'horreur de l'efclavage,
Voilà mon efpérance & le plus grand préfage.
Quels coups Arminius lance de toutes parts !
Mon cœur le voit, le fuit dans les plus grands hazards.

Vous, toujours chers, toujours préfens à fa mémoire,
Combattez avec lui, Dieux, hâtez fa victoire !

SCENE II.

ADÉLINDE *accompagnée d'un Officier à la tête
d'une petite Troupe de Chérufques*, THUSNELDE,
GISELLE.

ADÉLINDE.

QUE faites-vous ici ? venez, fuyez ces lieux.

THUSNELDE *en montrant Gifelle.*

Ses fils font au combat ; & nous, aux pieds des Dieux.

GISELLE.

A fes foupirs, aux miens, daignez joindre les vôtres.

ADÉLINDE.

Les Romains ont des Dieux plus puiffans que les nôtres.
Il faut porter ailleurs vos vœux infortunés.
Ces lieux facrés pour vous vont être profanés.

THUSNELDE.

C'eft ici de nos Dieux l'inviolable afyle.
Ils fauront le défendre, & j'y refte tranquile.

ADÉLINDE.

Peux-tu te repofer fur des Dieux affoiblis.
S'ils entendoient tes vœux, ils les auroient remplis ;

Crains la fureur brutale & la main meurtriere
Du soldat sourd, comme eux, aux cris de la priere.
Songe à ta sureté; crains l'opprobre & la mort.
D'un combat inégal j'avois prévu le sort.
De ton Arminius l'espérance est trompée;
J'ai vu de toutes parts sa troupe enveloppée.
Les Romains puniront sa haine, ses mépris.
Il a cru les surprendre; eux-même l'ont surpris.
Mon parti vous attend; allez, suivez ces guides...

(*L'Officier & sa Troupe s'aprochent d'Adélinde.*)

THUSNELDE.

Moi, me réfugier dans le sein des perfides!

ADÉLINDE.

Fui, dis-je; tout ici me fait tembler pour toi.

THUSNELDE.

Si l'asyle des Dieux n'en est plus un pour moi,
Si de la liberté la perte est manifeste,
Je ne veux pas avoir une fin moins funeste.
Que ces affreux vainqueurs me déchirent le flanc;
Que ces chênes sacrés soient souillés de mon sang,
Avant que par ma fuite ici je déshonore
Mon courage & mes Dieux qui subsistent encore.

ADÉLINDE,

Rien de tes préjugés ne dissipe l'erreur.
Ma tendresse pour toi semble te faire horreur.

(*aux Soldats détachés*)

Vous, plus que mes enfans, voués à ma famille,
Au poste de mon fils, allez, guidez ma fille.

THUSNELDE.

Vous m'inspirez, grands Dieux ! & je vous obéis.
Giselle, allons périr ou sauver mon pays.

SCENE III.

ADÉLINDE, *seule.*

Voici donc le moment, qui doit faire connoître
Si le Chérusque est né pour n'avoir pas de maître.
Mais déjà Flavius...

SCENE IV.

FLAVIUS, ADÉLINDE.

FLAVIUS.

Grace à mes soins honteux,
Le triomphe de Rome enfin n'est plus douteux.
Je viens de mon forfait chercher la récompense.

ADÉLINDE.

Regarde ton ouvrage avec plus de constance ;

Ton ardeur va bientôt triompher à son tour.
Attendons que Varus, la victoire & le jour…

FLAVIUS.

Je n'atends que Thusnelde & sa main qui m'est due ;
Je l'ai trop achetée, & tu me l'as vendue.
Voici le lieu, l'instant que toi-même as choisis,
Pour me donner ta fille & me nommer ton fils.

ADÉLINDE.

Tu l'es ; je suis ta mere. Et bientôt ton attente.…

FLAVIUS.

Thusnelde cependant n'est pas ici présente ?
Pourquoi, quand j'ai rempli tous mes engagemer

ADÉLINDE.

Songe que mon effroi…

FLAVIUS.

       Je songe à tes sermens.
Qu'as-tu fait de ta fille ? Apprens-moi quel obstacle…

ADÉLINDE.

Ah ! reprens tes esprits. Regarde ce spectacle.

*On voit passer, dans le lointain, à travers les arbres,
des blessés & des morts.*

D'un inflexible orgueil, vois-tu les vains efforts,
La foule des blessés, des mourans & des morts…

Ils croyoient triompher dans l'horreur des ténèbres....

FLAVIUS.

Ah ! ces morts, qui font-ils !

ADÉLINDE.

      A ces clartés funebres,
Dont la pâle lueur les conduit aux tombeaux,
Voudrois-tu de l'Hymen allumer les flambeaux ?

FLAVIUS.

Que vois-je ? quels objets ! Dieux, eft-ce ici ma place ?
Quelle fombre terreur m'environne & me glace ?
J'avance en frémiffant ... furmontons mon effroi.
Malheureux !.... me trompè-je ?....

    (*il reconnoît fon pere.*)

     (*en revenant fur fes pas*)
   O Terre, engloutis-moi,

ADÉLINDE.

Flavius ! ô mon fils !

FLAVIUS.

     Que dis-tu ? fuis, perfide.
Mon pere eft mort ; évite un monftre, un parricide.
Ah ! fans ma trahifon, fans mes lâches amours,
Il vivroit ; mon courage eut défendu fes jours !
J'ai pu l'abandonner, me couvrir d'infâmie,
Pour fuivre, pour fervir fa mortelle ennemie!
Tes rufes déformais ne peuvent m'eblouir.
Je vois mes attentats ; ne crois pas en jouir.

Si mon frere eſt vaincu, j'aurai du moins la gloire
D'arracher au vainqueur les fruits de ſa victoire.
Les bataillons détruits vont être remplacés ;
J'enflammerai les cœurs que ma voix a glacés.
Ils s'en vont réparer, guidés par mon courage,
Tous les maux qu'a produits ma foibleſſe & ta rage.

A D É L I N D E.

Ta voix qui les a fait ſortir de leur devoir,
Pour les y ramener, a trop peu de pouvoir.

(*Flavius ſort avec indignation*)

Mais, vas, mene à Varus de nouvelles victimes,
Et cours accroître encor ſes lauriers & tes crimes.

S C E N E V.

A D É L I N D E *ſeule*.

Qu e ton cœur, ô mon fils, ſe prépare à régner.
Sur ton front, que tes Chefs ont oſé dédaigner,
La victoire s'apprête à placer la couronne ;
Tu n'as qu'à faire un pas pour monter ſur le trône ;
Si mes yeux, un moment, peuvent t'y voir aſſis,
Je mourrai ſatisfaite, après tant de ſoucis.
Que ne puis-je déjà comtempler ces Provinces,
Heureuſes ſous les loix du plus juſte des Princes,
C'eſt à toi de changer leur déplorable ſort.
Que la haine, l'orgueil, la vengeance & la mort,

Les feuls Dieux révérés dans ces Cantons fauvages,
Ceffent de les remplir de leurs affreux ravages.
Qui vient ?

SCENE VI.

GISELLE, ADÉLINDE.

ADÉLINDE.

C'est toi, Gifelle. Et ma fille ! Ah ? pourquoi,
Seule, ici.... mes enfans....

GISELLE.

Ah ! tu dois frémir....

ADÉLINDE.

Moi.

Quel fecret...

GISELLE.

Si tes yeux, de ta fille inquiette,
Dans la route, avoient vu l'ardeur fombre & muette,
A peine nous touchions au pofte de ton fils,
Elle rompt le filence, il répond à fes cris ;
Il accourt : *c'eft ma fœur, c'eft fa voix qui m'appelle.*
Non, c'eft la liberté, fecourons-la, dit-elle.
Peux-tu voir les exploits, la mort de ces Héros,
Sans maudire ta vie, & ton lâche repos !
Alors de quelques Chefs l'armure abandonnée
Se préfente aux regards de la fœur indignée.
Elle ofe s'en faifir ; frappé de fa grandeur,
Le frere fent en lui naître la même ardeur.

Je les ai vus tous deux dépouiller leur parure,
Et paroître foudain revêtus d'une armure.
Quoi ! dit-elle, nos mains épargnent nos tyrans !
Voyez vos Citoyens, vos Amis, vos Parens ;
Ils combattent : & nous, fommes-nous donc moins
        braves ?
Voulez-vous un moment refter encore efclaves ?
Cet afpect d'une femme & d'un Pontife armés,
En guerriers, en Héros, tout-à-coup transformés,
Etonne tout ce pofte, y jette un trouble étrange.
Un grand nombre bientôt à leurs côtés fe range.
Elle voit avancer Flavius fur fes pas.
Arrête ? que veux-tu ? lâche, n'approche pas ? —
Ah ! je me rends, dit-il , à tes vertus fublimes.
Souffre quà tes côtés je répare mes crimes.
Flavius défendra jufqu'au dernier moment
Nos Dieux, la liberté, tes jours & ton Amant. —
Ton repentir me plaît ; viens, dit-elle. A ma vue
Comme un trait auffi-tôt Thufnelde eft difparue.
Sa main des ennemis montroit les étendarts,
Aux Soldats qu'entraînoient fa voix & fes regards.
Soudain elle s'élance ; & le plus intrépide
Ne fuit qu'avec effort fon courage rapide.
Je l'admire ; & le mien qui fe fent élever
Voit les plus grand périls, & court pour les braver ;
Mais, au milieu du trouble, où m'emporte mon zele,
Je m'égare ? j'entends une voix qui m'appelle ;
Je crois la reconnoître, & j'approche en tremblant.
Hélas ! c'étoit ton fils ; je l'ai vu tout fanglant.

ADÉLINDE.

ADÉLINDE.

Qu'entends-je ! Sigifmond ! lui ! feroit la victime....

GISELLE.

Tu me vois, m'a-t-il dit, heureux après mon crime.
Je meurs pour ma Patrie. Ah ! puiſſe cette mort,
A ma Mere, épargner un plus funeſte fort.
Arminius s'avance, & du moins mon oreïlle
Entend de fon triomphe annoncer la merveille :
Les Dieux, dont je me fuis attiré le courroux,
Raviſſent à mes yeux un fpectacle ſi doux.
Il veut parler encore, il fe trouble ; il foupire ;
La pâleur du trépas.....

ADÉLINDE.

O mon fils ! il expire !
Affreufe deſtinée ! O comble du malheur !
Où puis-je enfevelir ma honte & ma douleur !
Voilà mes ennemis. . . . Ah cherchons quelque voie,
Qui dérobe ma vue à leur barbare joie,

SCENE VII.

ARMINIUS *précédé de plusieurs Officiers qui portent l'armure de Varus, & les Aigles prises sur les Romains.* LE CHEF DES CHAUQUES , LE CHEF DES BRUCTERES , LE CHEF DES CATES, LES ACTEURS PRÉCÉDENS.

ARMINIUS.

Dieux ! votre Peuple est libre & n'est plus avili.
L'espoir qu'il a conçu, vous l'avez accompli.
Ecartez à jamais, loin de la Germanie ,
Tous les maux qu'après soi traîne la tyrannie.

(en montrant l'armure de Varus)

Varus de cette armure envain s'est revêtu.
Rien ne pare les coups que porte la vertu.
Aux yeux du monde entier sa honte va paroître :
Que le sort de l'Esclave épouvante le Maître !
Ah ! si nos mains pouvoient aujourd'hui de ses fers,
Délivrer Rome même & venger l'Univers . . .

(en regardant les Aigles)

Aigles fieres jadis , maintenant abattues ,
Demeurez & rampez aux pieds de ces Statues.
Que votre chute apprenne à la postérité !
Ce que peut la valeur & la fidélité.

O vous qui n'êtes plus ! Héros, dont la victoire,
Le courage & la mort font vivre la mémoire,

Le Ciel couvre vos fronts de lauriers fructueux.
La terre a maintenant moins d'hommes vertueux.
L'adversité s'étend sur un jour si prospere.

(en parcourant des yeux tous les Citoyens)

Moi, la Patrie, & vous, nous perdons tous un pere ;
Les Dieux, dont les regards sembloient veiller sur lui,
Ont de la liberté laissé tomber l'appui :
Liberté ! Liberté ! faut-il que par la guerre,
Tes plus grands défenseurs soient ravis à la terre ?
Mais cessons de gémir, surmontons nos douleurs ;
Je crois voir Ségismar, qui condamne mes pleurs.
Ses mânes satisfaits veillent sur nos cabanes.
Rome n'a plus ici d'admirateurs profanes.
Nous triomphons… mais toi, qui nous fais triompher,
Dont le courage mâle a sçu tout échauffer,
Pourquoi ne viens-tu pas, illustre & digne femme,
Recevoir le tribut qu'on doit à ta grande ame ?
Je vous vois interdits… Ah ! parlez, quel malheur…

LE CHEF DES BRUCTERES, *en s'approchant d'Arminius.*

Contre nos ennemis on dit que sa valeur,
Qui s'est trop obstinée au soin de les poursuivre,
L'a mise dans les fers dont elle nous délivre.

ARMINIUS.

Thusnelde prisonniere ! Ah ! nous n'avons rien fait.
Hâtons-nous d'achever un triomphe imparfait.

Retournons au combat, ou plutôt à la gloire
D'une plus importante & plus prompte victoire.
Courons fauver Thufnelde...

(Arminius fait quelques pas, & les autres font
un mouvement pour le fuivre).

SCENE VIII.

FLAVIUS, LES ACTEURS PRÉCÉDENS.

Arrete, Arminius.
Je fuis digne de toi; reconnois Flavius.
Aux derniers des Romains j'ai fait rendre les armes.
J'ai fait plus; de l'amour j'ai fçu vaincre les charmes;
J'étois dans l'efclavage & je viens d'en fortir.
Rends-moi ton amitié due à mon repentir.
Séduit par la tendreffe & trompé par la rufe.....

ARMINIUS.

Va, ton Chef te pardonne, & ton frere t'excufe.
Mais Thufnelde... fuis-moi.

FLAVIUS.

Nos Dieux, qui par tes mains,
Viennent d'humilier les fuperbes Romains;
Mais qui vouloient te faire acheter la victoire,
Ne te la vendent pas fi cher que tu peux croire.
Deux Efcadrons, trois fois prêts à nous accabler,
Sous nos traits à la fin, forcés de reculer,

Avec eux en fuyant entraînoient une proie,
Qui, dans leur défefpoir, eût mêlé trop de joie.
Je les ai pourfuivis ; & mon heureux deftin,
En reprenant fur eux un fi riche butin,
Acheve ton bonheur & comble leur ruine.

SCENE IX ET DERNIERE.

THUSNELDE *en habit de Guerrier* ; LES ACTEURS
PRÉCÉDENS.

FLAVIUS.

Approchez, paroiffez, belle & jeune Héroïne.
(*à Arminius.*)

Reçois des mains d'un frere, ardent à te fervir,
Cet objet vertueux qu'il vouloit te ravir.

THUSNELDE.

Oui, je lui dois le jour : l'ivreffe de la gloire
M'emportoit, m'égaroit au fein de la victoire.
O braves Citoyens ! magnanimes Guerriers !
Que j'aime à voir vos fronts ceints des mêmes lau-
    riers !
Rendez à Flavius, rendez tous votre eftime ;
Du vrai courage en lui, j'ai vu l'effort fublime :
En brifant fes liens, en furmontant l'amour,
Il a plus fait lui feul que nous tous en ce jour.
Ton frere, environné de Germains intrépides,
Des Romains, qui fuyoient, fuivoit les pas rapides.

Ses yeux étinceloient du plus ardent tranfport.
Cette ardeur que guidoit , qu'enflammoit le remord ,
Et qui porte aux tyrans les coups les plus funeftes ,
De nos fiers Oppreffeurs a foudroyé les reftes,
Et répandu fur nous la gloire & le bonheur :
Qui fe repent ainfi n'a point perdu l'honneur.
Il fauve ton époufe ; as-tu fauvé ma mere?

ARMINIUS.

Elle eft libre ; & fa vie en ce moment m'eft chere.

THUSNELDE.

Ce moment qui paroît de tes jours & des miens,
Affurer le bonheur , fait le tourment des fiens.
Ne l'abandonnons pas à fa douleur mortelle.
Allons , en attendant que nos foins, notre zele,
Rallument dans fon cœur , de la gloire écarté ,
L'amour de la Patrie & de la Liberté :
Rome, nous te jurons une haine éternelle ;
Tes vaiffeaux, tes foldats, ta fureur criminelle,
Subjuguent vainement & la terre & les mers.
Le Chérufque jamais ne portera tes fers.

Fin du cinquieme & dernier Acte.

APPROBATION.

J'ai lû, par ordre de Monseigneur le Chancelier, *les Ché-rufques*, Tragédie ; & je crois que l'on peut en permettre l'impreſſion. A Paris ce 2 Décembre 1772.

MARIN.

Le Privilége & l'Enregiſtrement ſe trouvent au nouveau Re-cueil du Théâtre François.

De l'Imprimerie d'ANDRE'-CHARLES CAILLEAU, rue S. Severin, vis-à-vis de l'Eglife.